El Acantilado, 100
ESTÉTICA Y ARTE FUTURISTAS

UMBERTO BOCCIONI

ESTÉTICA Y ARTE FUTURISTAS

(DINAMISMO PLÁSTICO)

TRADUCCIÓN DE RICARDO POCHTAR

PRIMERA EDICIÓN   *octubre de 2004*
TÍTULO ORIGINAL   *Pittura e scultura futuriste*

Publicado por:
ACANTILADO
Quaderns Crema, S. A., Sociedad Unipersonal

Muntaner, 462 - 08006 Barcelona
Tel.: 934 144 906 - Fax: 934 147 107
correo@acantilado.es
www.acantilado.es

© de la traducción, 2004 by Ricardo Pochtar
© de esta edición, 2004 by Quaderns Crema, S. A.

Derechos exclusivos de edición:
Quaderns Crema, S. A.

ISBN: 84-96136-79-5
DEPÓSITO LEGAL: B. 40.573 - 2004

En la cubierta, detalle del autorretrato de Umberto Boccioni,
«Yo nosotros»

ALÍCIA FERRAN   *Asistente de edición*
ANA GRIÑÓN   *Preimpresión*
ROMANYÀ-VALLS   *Impresión y encuadernación*

Bajo las sanciones establecidas por las leyes,
quedan rigurosamente prohibidas, sin la autorización
por escrito de los titulares del copyright, la reproducción total
o parcial de esta obra por cualquier medio o procedimiento mecánico o
electrónico, actual o futuro—incluyendo las fotocopias y la difusión
a través de Internet—y la distribución de ejemplares de esta
edición mediante alquiler o préstamo públicos.

CONTENIDO

1. Por qué somos futuristas — 9
2. Contra el paisaje y la vieja estética — 16
3. Contra la cobardía artística — 25
4. Público moderno en la vida, retrógrado en el arte — 33
5. Contra la obsesión de la cultura y contra el monumento nacional — 40
6. Por qué no somos impresionistas — 46
7. Qué nos separa del cubismo — 65
8. Fundamento plástico de la pintura y escultura futuristas — 87
9. Movimiento absoluto y movimiento relativo — 99
10. Dinamismo — 105
11. Líneas-fuerza — 113
12. Solidificación del impresionismo — 119
13. La compenetración de los planos — 123
14. Complementarismo dinámico — 126
15. Pondremos al espectador en el centro del cuadro — 134
16. Simultaneidad — 135
17. Transcendentalismo físico y estados de ánimo plásticos — 147

Al genio y a los músculos de mis hermanos
MARINETTI CARRÀ RUSSOLO

que todo lo sacrificaron, como yo, por la gran Acción futurista, luchando de día en el cerco furioso de los odios y las calumnias pasatistas, y creando en las noches eléctricas de Milán y de París la gran atmósfera de vanguardia antitradicional y dinámica que ha de despertar a Italia y al mundo exasperando su velocidad espiritual.

BOCCIONI

I

POR QUÉ SOMOS FUTURISTAS

En mis innumerables discusiones y conferencias tanto en Italia como en el extranjero, siempre he observado en los pintores, escultores, arquitectos y artistas en general la más completa ignorancia acerca de la finalidad de la obra de arte, la más ciega indiferencia acerca de la necesidad de que exista una estrecha relación histórica entre la obra y el momento en que ésta surge. Casi todos consideran la obra de arte como un hecho aislado. Un fenómeno cuya ejecución resulta más o menos grata. Casi todos confunden el acto de pintar, esculpir o construir con el acto de crear. Se engañan pensando que la lagrimita derramada por la primera tontería que se nos ocurre es señal de inspiración. Los pintores, por ejemplo, nuestros queridos y bohemios pintores, *quieren pintar como sienten...* los pobrecillos, y se estremecen si han de imponer un mínimo control a sus emociones, seleccionarlas para magnificarlas. Todos, artistas, aficionados y público, tienen un pequeño bagaje de tiernos hábitos sentimentales que defienden a capa y espada y al que se niegan a renunciar incluso ante la evidencia de las verdades más elementales. Los miserables recuerdos azulados de la infancia, las oscuras influencias del atavismo, la blanca languidez de la pubertad... todas esas estupideces: la educación familiar, la necia retórica de la tradición del 48 que nuestros padres y profesores nos han impuesto durante años, forman para casi todos los artistas con quienes he hablado una especie de blanda escanilla desde donde, acurrucados en la tibieza de su cobardía, se atreven a lanzar tímidas miradas al mundo.

En las naciones prósperas y maduras, como Francia, Inglaterra, Alemania, la gran mayoría de los artistas vive de explotar un rico acervo de tradiciones recientes, de formas generadas por su cultura, a la que corresponde una vigorosa vida social. Casi todas las manifestaciones artísticas adoptan en esos países una aparente modernidad que engaña a nuestros cenáculos... intelectuales. Hasta ahora los italianos hemos copiado servilmente esas manifestaciones, guiándonos por las lujosas revistas de arte publicadas en Múnich, Berlín, París y Londres.

En los pueblos más jóvenes, como los escandinavos, los eslavos e incluso los americanos, que se asoman orgullosamente a la vida con ansias de afirmarse y deseos de poner término a siglos de anonimato, los artistas, cuando no practican un verismo grotesco, hurgan en los desvanes del folclore y barnizan el torpe y sentimental balbuceo de su infancia histórica con lo que han aprendido en París y Múnich. De todas formas, los cuantiosos recursos financieros de esos países, su escasa tradición artística, el ímpetu maravilloso con que marchan hacia el futuro, favorecen la formación de una aristocracia de *aficionados de vanguardia* que compra y alienta las manifestaciones aristocráticas de los *artistas de vanguardia*.

En Italia—donde siempre se han recogido religiosamente los desechos estéticos de Europa que bajan por la cloaca bienal de Venecia—se ha producido un fenómeno artístico que sólo nos parece comparable con un acontecimiento político como la moderna afirmación de los japoneses que han superado su pasado bárbaro oriental.

De un solo golpe, un grupo de artistas geniales, animosos, enérgicos, enemigos de los libros, ha situado a Italia en la vanguardia de las investigaciones plásticas.

Y esto ha sucedido en Italia, donde las energías intelectuales son lastradas por el peso de una raída y humillante tradición milenaria, mezcla de ignorancia y mala fe; en esta Italia volcada totalmente a la tarea de establecer un orden económico y afirmar su unidad política y militar.

Resulta doloroso comprobar el grado de embrutecimiento en que yace la idealidad estética de nuestro gran país, que cuenta con cuarenta millones de habitantes, considerados los más inteligentes del mundo. Cuando los jóvenes de nuestra generación observan la evolución del arte italiano en el siglo XIX, se sonrojan de vergüenza y lloran de desesperación. Es casi imposible colmar el abismo de ignorancia, de cobarde apatía que separa Italia, llamada con arqueológica ironía el país del arte, de la sensibilidad estética de los otros países civilizados.

Quien hoy ve Italia como *el país del arte* es un necrófilo que considera un cementerio como una deliciosa alcoba. De este odioso tópico los pintores futuristas nos reímos olímpicamente, para no escupirle a la cara o echar a patadas a cada lerdo que nos lo repite.

Hoy Italia es un país joven y fuerte que será grande ¡y basta! Hay que rehacerlo todo, espiritual y, por tanto, estéticamente. En cambio nos demoramos cultivando los mohos del pasado.

Se declara monumento nacional cualquier sucio y destartalado tugurio que aún ensucia las ciudades italianas. Se pierde el tiempo discutiendo acerca de ese basurero pictórico que es la plaza Delle Erbe de Verona, acerca de los hediondos canales de Venecia, acerca de ese miserable callejón de chamarileros que se llama via Condotti en Roma, etcétera.

Se cataloga, se glorifica y se ilustra esa melancólica exposición mineralógica que es el foro romano. Se construyen paseos arqueológicos para que los atléticos holgazanes romanos, las jóvenes *misses* inglesas, las robustas parejas alemanas puedan besuquearse libremente mientras el eterno rufianesco cicerone italiano se fuma su medio toscano con filosofía. En Italia no falta el dinero, no falta la fuerza: faltan los cerebros modernos. Por cobardía odiamos lo nuevo. Somos cobardes en arquitectura e inferiores a todos los países; somos cobardes en música e inferiores a todos los países; cobardes en pintura, cobardes en escultura, cobardes en las artes decorativas, en el mobiliario, en los carteles, ¡en todo!...

La historia de nuestro *risorgimento* nacional ha sido explotada por una cáfila de escultores famélicos y deshonestos que han desfigurado toda Italia. Exposición tras exposición, nos muestran actualmente la extrema decadencia de una tradición quinientista que sólo consigue arrastrarse aún por la despreciable apatía de los artistas italianos, hijos de un país que debería llevarse la palma del sentido plástico.

Mafias, recomendaciones, protecciones delictivas, cobardías, todo vale con tal de vender y lucrar. Venecia, Milán, Florencia, Turín, Roma, Nápoles, Palermo son infames mercados de tela sucia, de plagios grotescos, de obscenidades escultóricas.

¡Plagio, mala fe, inconsciencia! Pensiones robadas, premios robados, prensa engañada o vendida; ¡y siempre cobardía por todas partes!

Concursos ignominiosos para el arte. Desvergonzada construcción de palacios, decorados y monumentos esperpénticos para la estupidez oficial de todo el mundo. La gesta de un negrero sudamericano, la gloria de una nulidad anónima y provinciana siempre encuentran eco en la conciencia de un escultor, un pintor o un arquitecto italiano, siempre triunfa el concepto tradicional: puesto que Miguel Ángel recibió el encargo de la Capilla Sixtina, Rafael el de las Estancias, Leonardo el del Cenáculo, el artista italiano que recibe un encargo, ya se trate de un retrato, un decorado o un monumento, no se da cuenta de que cae y se envilece en la prostitución.

¡El dinero!..., ¡la posición segura!..., tal es el germen de todas las cobardías artísticas italianas. Recibir encargos del Gobierno, ser influyentes, recibir condecoraciones y enriquecerse... ¡Cobardes! ¡Cobardes! ¡Cobardes!

Comprobamos que la aspiración plástica que nos guía a los futuristas italianos se anticipa al menos en un siglo a la sensibilidad artística italiana. Pero una luminosa esperanza nos guía a través de la oscuridad de la ignorancia y de la indiferencia que imperan en nuestro país. ¡Es la certeza de que, en la inevitable y futura distribución del trabajo entre las razas, sólo a Italia le tocará fundar un ideal estético supremo con el que podrán identificarse los hombres superiores de raza blanca! ¿Acaso es un sueño demasiado ambicioso?... La situación geográfica, las cualidades de nuestro temperamento, nuestra población en aumento, el predominio en el Mediterráneo y la historia de los últimos años alientan nuestra esperanza. Como en la política, así en el arte, ¡preconizamos que Italia sea la única heredera futura de la latinidad!

¡Pero para lograrlo es preciso actuar con coraje y disciplina en la vida y en el arte! Es preciso tener el coraje de destruir y sojuzgar incluso lo que, por recuerdo o por costumbre, tendemos a apreciar. Es preciso cercenar las ramas viejas e inútiles, avanzar desnudos y feroces y mirar hacia adelante hasta que nos estallen las pupilas. ¡Es preciso tomar partido, enardecer nuestra pasión, exacerbar nuestra fe en esta grandeza futura que todo italiano digno de ese nombre siente en su interior, pero que no desea con suficiente entusiasmo! Para esto se necesita sangre, se necesitan muertos. El *risorgimento* italiano se hizo a hurtadillas, lo hicieron personas de bien y sin que corriese suficiente sangre. Habría que ahorcar, fusilar a los que se apartan de la idea de una gran Italia futurista. En el terreno del arte habría que andar a pistoletazos contra todos los artistas que hoy gozan de fama en Italia. ¡Estas viejas carroñas entorpecen la marcha de los jóvenes con un arte rastrero digno de la Italia del ministro Cairoli, digno de la Italia que masacraba Crispi, digno de la Italia de Cavallotti, pacifista e internacionalista en medio de naciones armadas, ricas y temibles!

¡Los futuristas queremos dotar a Italia de una conciencia que la impulse cada vez más hacia el trabajo tenaz, hacia la conquista feroz! ¡Que los italianos saboreen al fin el gozo embriagador de sentirse solos, armados, ultramodernos, en lucha contra todos y no descendientes soñolientos de una grandeza que ya no es nuestra! Lamentablemente, el italiano, que sabe jugarse la vida por una mujer, es incapaz de imponerse una disciplina, un amor ideal lejano, incapaz de concebir en abstracto el deber, la patria y la solidaridad. Por tanto es incapaz de concebir un arte que no lleve aparejado un éxito inmediato y una ganancia inmediata. En Italia cualquier mentecato cree que el egoísmo cotidiano es un derecho, confunde su vil interés con el individualismo. Entre nosotros, el ocio mental y social se consideran atributos de un temperamento aristocrático. Como si los millones de holgazanes parásitos, de indiferentes que viven del ocio en nuestros cafés, en nuestras academias, tuviesen derecho a llevar *la vida que quieren* o a hacer *el arte que quieren*. Sólo hay una ley para el italiano: el trabajo e Italia. *Sólo hay una ley para el artista: la vida moderna y la sensibilidad futurista.* ¡No toleramos objeciones! ¡En un país tan grande, tan bello, tan ascendente como Italia todo eclecticismo es una cobardía!

Como decíamos en nuestro prefacio al catálogo de la I.ª Exposición Futurista de París: «¡Somos futuristas porque un conjunto de concepciones estéticas, éticas, políticas y sociales son absolutamente futuristas!» Esta unidad es la que constituye la fuerza y la cohesión de nuestro movimiento. Esta unidad es la que falta totalmente en el cerebro italiano actual.

No entraré, sin embargo, en otros ámbitos, sino que me limitaré al que me es propio como pintor y escultor futurista.

2
CONTRA EL PAISAJE Y LA VIEJA ESTÉTICA

Declaro, como siempre brutalmente, que a un artista verdaderamente moderno le es imposible vivir en medio del hedor pestilente de los *ateliers*. Peor aún si estos *ateliers* son colectivos, es decir, academias privadas o públicas. Para nosotros, que queremos vivir en la concepción dinámica de la vida, trasladar la sensibilidad del artista a un lugar fijo y cerrado para estudiar durante largos años lo que ha conformado la verdad de otras épocas es un error brutal que nos repugna como un suicidio sistemático.

Para nosotros, cualquier sitio ha de ser óptimo para trabajar y todo debe ser materia de creación, no exterior y narrativa, sino interior e interpretativa. De hecho, nada hay más atractivo que los vestíbulos de los grandes hoteles, los trenes, los restaurantes nocturnos, la vida de la calle en medio de la muchedumbre.

¡Afirmamos que es posible crear la Naturaleza interpretando sus infinitas manifestaciones incluso a través de las matemáticas transformaciones geométricas que le imprime el hombre moderno! Creer que la Naturaleza se encuentra donde existe el desorden, la incomodidad, lo caótico (lo «natural», como dicen las almas agrestes) y sobre todo donde falta la mano del hombre, es un error lamentable. Los futuristas detestamos lo campestre, la paz del bosque, el murmullo del arroyo... como dicen los otros. Preferimos al hombre trastornado por la pasión o la locura del genio, las grandes barriadas populares, los ruidos metálicos, el rugido de la muchedumbre.

¡Las pistas, las competiciones atléticas, las carreras nos exaltan! ¡La meta es para nosotros el maravilloso símbolo de la modernidad!

¡Hip! ¡Hip! ¡Hip! ¡Hurra!

Más aún, auguramos, y pronto, la nivelación y la destrucción del paisaje tradicional, que fue inventado por los artistas del pasado, entre otras cosas, porque desde los impresionistas hasta hoy se ha gestado uno distinto que espera su glorificación.

No podemos pensar sin disgusto y compasión en que existen sociedades para la conservación del paisaje. Para la conservación, obsérvese bien, de lo que las estampas y cuadros antiguos nos han dejado de determinados lugares... cuya sublimidad es producto de la cultura. El paisaje fue creado por los artistas, y conservarlo es un panmuseísmo, es querer ponerle un torniquete a la naturaleza y ofrecerla a todos cada día por un franco, con entrada gratuita los domingos. ¡Imbéciles! ¿Qué quieren conservar? ¿Acaso los paisajes que hoy se quieren conservar no existen en lugar y *en virtud* de otros destruidos o transformados? ¿Qué quieren conservar? Tres bojes a la izquierda, un roble a la derecha, una choza (pintoresca) en el centro... ¿y qué más? ¡Imbéciles! Como si no fuese infinitamente sublime el transtorno que provoca el hombre impulsado por la investigación y la creación abriendo carreteras, rellenando lagos, sumergiendo islas, alzando diques, nivelando, rompiendo, perforando, hundiendo, erigiendo, movido por esta divina agitación que nos lanza hacia el futuro.

Gloria al gran anuncio rojo que reivindica a la naturaleza por encima de lo arqueológico y triunfa como complementario sobre el paisaje verde de ira. Gloria a los grandes anuncios que se repiten violentamente expresivos a intervalos regulares exasperando a los estetas de la arcadia, y que trepan alegremente las colinas y montañas flanqueando los teleféricos, que asisten hermosos serenos útiles expresivos, firmes sobre sus postes, al puntual sucederse de los *trenes de lujo*, cargados de enérgico mercadeo y estulticia turística, y de los *trenes rápidos*, cargados de profesores... Por fortuna, todo sigue su curso y todo acaba destruido. ¿Habéis sentido alguna vez el placer de ver una melancólica hilera de sentimentales cipreses acuchillada por un largo prepotente violentísimo «¡PURGANTE INFALIBLE!»...? ¿O la verdeante panza de una suave pendiente tiroteada por múltiples:

¡TOT!... ¡TOT!... ¡TOT!...?

Hay posibilidades de paisaje en todas partes: en los mármoles de los palacios, en los suaves enlucidos de las casas, en los asfaltos de las carreteras, en los largos pasillos de los hoteles, con sus misteriosas puertas numeradas y sus suaves alfombras paralelas, en las blancas habitaciones de las clínicas, en el metódico trajín de las máquinas...

¡La era de las grandes entidades mecánicas ha comenzado y el resto es paleontología!

Adoramos al camarero y al calavera geometrizados en el blanco y negro de su indumentaria; la luminosa cascada de una *cocotte* enjoyada entre luces y cristales; la severa rigidez de la bata del cirujano; la tajante frialdad calculadora del maquinista, el aviador, el conductor de un coche con motor de 200 caballos. El hombre evoluciona hacia la máquina y la máquina hacia el hombre. ¡Ésta es la nueva vida cuya misteriosa arquitectura ha de exaltar el pintor moderno!

El hombre—como ha dicho mi gran amigo F. T. Marinetti y como simboliza su *Mafarka*—creará seres vivos con la mecánica. Los experimentos científicos con injertos y los intentos de crear nuevas especies animales ya representan en la fisiología otro ejemplo elemental pero prodigioso de victoria del hombre sobre la naturaleza. ¡Gloria a Carrel![1]

¡Hip! Hip! ¡Hip! ¡Hurra!

¡No es verdad, es un burdo error decir que el hombre se aleja de la naturaleza! Sería como creer ingenuamente que la naturaleza animal está más cerca de ella que lo químico... Nosotros tenemos un nuevo instinto: el instinto de lo complejo. Aprehendemos TODO a través de lo complejo, mientras que los hombres del pasado captaban POCO a través de lo simple. ¡Y en el fondo todo es simple cuando es vida, o sea, intuición! Lo que existe es creado

---

[1] Alexis Carrel (1873-1944), cirujano y fisiólogo francés, recibió el premio Nobel en 1912 por sus investigaciones sobre la naturaleza de los vasos sanguíneos y los trasplantes de corazón. *(N. del T.)*

por el hombre y en virtud de nuestra plástica se convierte en el *elemento natural* en el que descubrimos las formas. Podemos estudiar—es decir, amar—una máquina, una rotativa cualquiera, y utilizar sus planos, sus perfiles, sus cavidades, sus movimientos como *elementos naturales* para la construcción de nuestro paisaje. ¿Acaso los árboles y las ramas no son las partes de un mecanismo primordial? Todo es belleza natural, y no por la apariencia exterior, sino por sus *significados plásticos* abstractos.

¡Nosotros superamos los mitos! ¡Y nos encanta si con ello los destruimos!

¿Por qué habríamos de buscar, insatisfechos, viejos o nuevos mitos, nosotros que vivimos en la realidad y nos transformamos viviendo sus fugaces e infinitas manifestaciones? ¡Necesitar el viejo mito equivale a exteriorizar el mundo en la eterna y ya agotada fabricación de imágenes y a no vivirlo en la identidad! ¿Qué valor puede tener para nosotros el fantasma de Ícaro si comemos, nos paseamos, tomamos café con el aviador que se eleva hasta cinco mil metros y se mata para batir un récord?

Este amor apasionado por la Realidad es el que nos incita a preferir a un bailarín americano de *cake-walk* en lugar de una audición de la *Walquiria*, un noticiario cinematográfico en lugar de una tragedia clásica. El gramófono, por ejemplo, que hace desmayar de horror a los intelectuales que se saben de memoria al pelmazo de Beethoven y se ponen pálidos con sólo oír el nombre de ese otro pelmazo llamado Bach, es para nosotros un magnífico elemento natural para vivir las realidades psicológicas. Gozamos cuando su bella trompa de refulgente metal toca y sopla en tono nasal una *arietta* mecanizada que siempre se aparta de la música-arte en el modesto saloncito pequeñoburgués, donde las flores artificiales rojas y amarillas palidecen bajo el polvo, donde oleografías tan llenas de color como de expresión cuelgan de las paredes. Sólo así una romanza de una ópera imbécil, a menudo italiana, se convierte en un elemento *natural*, capaz de suscitar vitalidad artística o inspiración.

Los carteles amarillos, rojos, verdes, las grandes letras negras, blancas y azules, los letreros chillones y grotescos de las tiendas, los bazares, las «REBAJAS», los brillantes *water-closets* ingleses, las danzas negras ejecutadas con el ritmo brutal de los cíngaros entre luces y bellas prostitutas, eso es lo que nos inspira y nos fascina.

Otros artistas buscaron lo primordial en las manifestaciones artísticas de civilizaciones primitivas y en las de África central. Iban por buen camino, pero aún estaban demasiado inmersos en la cultura. Los futuristas somos los primeros en dar ejemplo de eufórica adhesión humana a la forma de civilización que se está plasmando ante nuestros ojos. Hay una profunda significación primordial en la mímica totalmente nueva de los bailes modernos, en la indumentaria, en los colores, en la *arquitectura* de una *chanteuse*. Está mucho más cerca del arte la sala de un prostíbulo que algunos saloncitos burgueses. En ella el artista encuentra infinitos elementos anónimos que esperan la expresión. En ella encuentra los elementos de asombro, de inconsciente originalidad, de novedad que, no hay que olvidarlo, son los gérmenes de la creación artística. ¡Sólo en las manifestaciones más simples y más espontáneamente necesarias de la vida moderna, en las más despojadas de *sublimidad* y de *cultura*, podemos descubrir y seguir el hilo misterioso que conduce a la fuente de la estética futura!

Odiamos, por tanto, todo lo que sabe a intelectualismo, esnobismo, sublimidad tradicional. Los conciertos y las conferencias son museos de sonidos y bibliotecas de palabras que evitamos con repulsión. La humanidad que los frecuenta con arrogante ostentación es la más baja y despreciable. Estéticamente, es la más hipócrita, la más necia, la más alejada del arte, la más untuosa, la más mojigata, la menos dotada de sensibilidad.

Queremos reemplazar las viejas emociones estáticas y nostálgicas por las violentas emociones del movimiento y la velocidad, por la embriaguez de la acción, porque sólo ellas pueden inspirar nuevas ideas plásticas. ¡Y en esta sensibilidad extremadamente moderna, continuamente volcada hacia el futuro, encontramos la energía sobrehumana para repetir en nosotros hasta el límite de lo imposible la renovación eterna de la vida!

Tenemos el éxtasis de lo moderno y el delirio innovador de nuestra época. En virtud de este éxtasis y este delirio los pintores futuristas tenemos una fuerza psíquica adivinatoria que infunde a nuestros sentidos la capacidad de percibir lo hasta ahora nunca percibido. Pensamos que, si todo tiende a la unidad, lo que hasta ahora el hombre ha anhelado concebir como unidad es una mísera, ciega, infantil subdivisión de cosas.

La ciencia, en nuestra opinión, ha vuelto a situar a los hombres en una suerte de barbarie, una maravillosa barbarie de nivel superior que excita nuestra sed de realidad y nuestra repugnancia por cualquier tipo de apariencia artística.

Persuadidos como estamos de que la fuerza subyugadora del genio no es más que la encarnación perfecta y *positiva* (en una obra) de un momento histórico, declaramos encarnaciones *negativas*, y por tanto carentes de significado real, las obras de un Sargent, de un Franz Stuck, de un Zuloaga, de un Israel... Se trata de productos culturales y, en un ideal laboratorio químico estético, podrían descubrirse las dosis de museo que contienen, para luego componerlos y descomponerlos libremente. He citado ejemplos ilustres, podría citar muchísimos más, italianos y extranjeros, todos igualmente ajenos al arte.

¡Los pintores futuristas tenemos el don de la esperanza y jamás retrocedemos cuando nos tienta el sueño de una belleza definitiva! Por eso amamos apasionadamente las expresiones estéticas de nuestra época, aunque todavía aparezcan burdas y no totalmente liberadas de las escorias de las novísimas fusiones.

¡Por vehemente que sea en nosotros la aspiración a lo *definitivo*, amamos en la vida y en el arte todo lo que expresa el conflicto actual entre el viejo mundo que se derrumba y el nuevo que surge! Lo que nos fascina en la vida y las obras de nuestra época es ese carácter de búsqueda indefinida y afanosa que revela en el hombre verdaderamente moderno la impericia de quien maneja una materia nueva. Amamos estas manifestaciones porque con ellas se inicia la era de un arte verdaderamente nuevo que continuará a través de las generaciones futuras. Los heroicos intentos de unos pocos artistas revolucionarios, casi todos víctimas del mercadeo y la pintura oficial, así lo demuestran.

En definitiva, vivimos de verdades que acaban de nacer y cuya expresión requiere formas, colores, palabras, sonidos y ruidos jamás usados. El artista, el pintor, el escultor, así como el poeta y el compositor, tienen deberes que el artista de hace treinta años no tenía, sobre todo en Italia.

Los fundamentos de la concepción plástica tal como se ha entendido hasta el presente han cambiado por completo. Una maravillosa plétora de artistas ha trabajado en Francia, desde Delacroix hasta hoy, preparando el advenimiento de una sensibilidad totalmente desconocida en Italia. En nuestro país, por el contrario, se interpretaron como renovación de la plástica las masturbaciones prerrafaelistas inglesas, las sandeces clásico-sentimentales y cerveceras de Böklin, de Max Klinger, de Stuck y toda la bazofia literaria del blanco y negro belga, escandinavo, austríaco, ruso, francés... Por lo demás, incluso estas tendencias fueron seguidas por los italianos con medios plásticos deficientes y con viles fines comerciales. Es como si el genio artístico de los italianos (el más poderoso de la raza humana) se hubiese extraviado hasta el presente. Petulancia impúdica, tráfico despreciable, venalidad inmunda han sofocado durante demasiados años cualquier iniciativa honesta, cualquier manifestación de originalidad surgida en nuestro país.

Parece como si una corriente de aire fresco reanimase hoy el rostro demacrado de la voluntad italiana. ¿Acaso han surtido algún efecto nuestras escupetinas, nuestros insultos, nuestros latigazos? Aún queda mucho por hacer para la salvación espiritual de la patria. Se prefiere la vida tranquila y los garbanzos asegurados. La multitud trabaja, los soldados luchan, pero los artistas, todos ellos, duermen... ¡Nosotros los despertaremos a patadas!

3
CONTRA LA COBARDÍA ARTÍSTICA

No he vacilado en llamar cobardía mental al hábito que tiene gran parte de la juventud artística italiana de acatar ciegamente lo que se enseña en los libros, las academias o los museos. Resulta ridículo el espectáculo que dan los artistas en nuestras exposiciones cuando muestran y defienden con sórdida ignorancia provinciana sus pastiches romántico-comerciales, siempre plagiados del museo o de la producción extranjera de hace cincuenta años. Además, en todo artista italiano aún se siente la nefasta influencia de la lamentable superficialidad oficial de Rafael. Tres cuartas partes de la pintura italiana están infectadas por la lepra de la pintura veneciana. Tiziano, Tintoretto, Giorgione, Veronés siempre pesan en la sensibilidad italiana como fétidas carroñas en un campo que quiere florecer. Y no hay pintor o escultor que no deba avergonzarse de trabajar obsesionado por mantenerse fiel al modelo de alguna obra maestra del pasado.

Las causas de esta deplorable renuncia a la originalidad no hemos de buscarlas sólo en la cultura tradicional, sino también y sobre todo en el miedo insensato que paraliza la libre actividad de muchísimos jóvenes italianos en cualquier esfera de la vida nacional: el miedo a no lograr una *posición segura*... Esto explica que en Italia nadie sienta el placer de ir contra la corriente, nadie se atreva a afrontar el ridículo, nadie tenga la firmeza de plantarse ante la incomprensión o la total hostilidad del público. Y en el público incluyo a la familia, a las relaciones influyentes, al aficionado que protege y compra regularmente, a la señora con la que el artista mantiene indefectiblemente una relación intelectual, a los literatos o periodistas amigos que tienen gran ascendiente sobre el pintor, casi siempre analfabeto, y así sucesivamente hasta el badulaque anónimo que se queda embobado frente al cuadro o la escultura.

Porque el artista italiano—ya sea pintor, escultor, compositor o poeta—tiene, salvo raras excepciones, una psicología simple e incluso de una vulgaridad repugnante. Gracias a la vivacidad de nuestra raza, el jovenzuelo artista (supongamos que se trata de un pintor o un escultor) logra poco después de los veinte años imprimir un toque personal a sus amañadas inmundicias... ¡y ya está acabado! Decide casarse y poner casa casi al mismo tiempo en que obtiene el primer éxito y en seguida queda expuesto a mil influencias, desde la de su novia hasta la del capitoste de su ciudad. Todos ellos le aconsejan invariablemente que siga explotando el pequeño filón que ha encontrado su genial estulticia provinciana... ¡Ay de él si cambia, ay de él si busca, ay de él si se arruina una tela o un yeso, ay de él si toma distancia para renovarse! Su mujer pensará que se acuesta con un loco... Los amigos y las personas cultas, inteligentes y decentes lamentarán el *talento desperdiciado*. Todo el mundo evitará su casa y su taller como si estuviesen apestados. Todos le aconsejarán que mire bien lo que hace..., que piense en la familia... Los artistas de la camarilla dominante lo halagarán, lo atraerán y lo retendrán en su grupo con promesas y favores. El joven artista ya dispone de argucias que utiliza frente a los reproches de su conciencia: claro que el arte es algo bello... parece evidente, pero... ¿y los hijos, las exigencias de la vida, etcétera? Odia, primero sin reconocerlo y luego abiertamente, a los jóvenes artistas entusiastas que emergen.

Entretanto nuestro joven va madurando. Ya no se lo ve en el café habitual, frecuenta a los artistas consagrados, entra a formar parte de comisiones, participa en jurados, hace y recibe favores. Será enemigo acérrimo de cualquier originalidad. ¡Toda audacia artística sufrirá la venganza de su cobardía! Y, como los ilustres fracasados que en Italia se agazapan en todas las comisiones municipales o estatales parecen gozar de una salud de hierro, nuestro personaje influirá durante cuarenta años en la vida artística de su ciudad o de la nación. ¿Acaso no viven todavía y no caminan tranquilamente por la calle y no siguen formando parte de las comisiones y los jurados los que aplastaron a Segantini y a Fattori, los que empujaron al suicidio a Pelizza de Volpedo, los que obligaron a exiliarse a Medardo Rosso, los que han levantado una muralla de silencio alrededor de Previati?... ¿A quién se le ocurriría ejecutarlos, suprimirlos? Ya existe el delito político... ¿cuándo se reconocerá el delito artístico?... Obsérvese que el caso citado es una degeneración que afecta al artista en su desarrollo frente a las exigencias materiales de la vida. Desde el punto de vista de la formación de su conciencia estética, del desarrollo de su sensibilidad, si no se trata de un despreciable comerciante, lo encontramos paralizado, ahogado por los mil prejuicios de la cultura.

Los críticos-reporteros ignorantes, los historiadores del arte eunucos, los directores de pinacotecas sepultados en vida, los aficionados pederastas pasivos, los artistas estériles, es decir, los puros, los que quieren retornar a la simplicidad, a la tierra (como ellos dicen), que desprecian los ruidos del mundo y un traje bien cortado, los que sienten enormemente la atracción de los lugares solitarios... y practican la castidad o el amor único..., los que buscan el alma gemela, los vegetarianos que calzan sandalias, los filósofos, los religiosos, los beatos del arte, todo ese hato de mequetrefes tanto han escrito añorando melancólicamente los felices tiempos en que el pueblo griego admiraba las estatuas de los dioses, o disfrutaba en masa de las bellezas de la tragedia..., los felices tiempos en que las multitudes cristianas rezaban a la Virgen y discutían sobre las basílicas y los frescos, que el pintor o escultor italiano de mente vulgar y costumbres bastas se lo traga todo. Y cree que su obra ha de ser comprendida y admirada religiosamente también hoy por las muchedumbres..., o sea, por el público, si es que existe..., y cuando ello no sucede se desanima...

En todo este galimatías de doctísimos errores se olvida que la vida moderna, con su fragmentaria rapidez y su infinita complejidad de conocimientos, ha impuesto una inevitable subdivisión del trabajo. Actualmente ya no necesitamos que el artista sea en su obra un sacerdote, un historiador, un cronista, un sastre, un joyero, un armero, un retratista... Estos elementos, necesarios en la obra antigua, siempre han sido, por su objetivismo material, comprendidos y apreciados por la multitud, o sea, por el público, por su valor de semejanza, de relato educativo o de ejecución habilidosa. Este placer imitativo y secundario ha hecho creer hasta ahora que el asombro meramente exterior, fruto de una ilusión óptica, era en cambio admiración y comprensión de la profundidad totalmente interior de la obra de arte. Es verdad que en el pasado el objeto del arte era más exterior que el de nuestra época. Las imágenes se sucedían en su sencilla y llana apariencia. En un fresco cristiano toda la compleja construcción plástica y la interpretación arquitectónica de la línea, el volumen, el claroscuro y el color, que deben expresar hoy día un objeto o una figura, habrían inmolado la mística actitud evocadora de los santos, madonas y demás. Porque ello iría en contra del principal objetivo de las artes figurativas del pasado, que consistía en el relato, el comentario ilustrado, terrible o jocoso, de los hechos religiosos *iguales e indiscutibles para todos*, de las gestas del soberano, del Ayuntamiento o del Estado, también ellas *iguales e indiscutibles para todos*.

Hoy, en cambio, el artista se eleva hasta el elemento esencial de la creación. La intuición plástica lo ha conducido hasta nuevas cumbres, y la ciencia, con el vapor, la electricidad, los gases carburantes, las ondas hertzianas y todas las investigaciones biológicas y químicas, ha transformado el mundo, ha destruido las leyendas y los mitos, ha roto los puentes por los que la multitud podía pasar y subir para aproximarse, pero nunca para llegar. Con los descubrimientos científicos ha surgido una nueva sensibilidad que el artista ya expresa y que la muchedumbre se niega a reconocer.

Las emotivas y torpes invocaciones al gran fresco cuatrocentista que en el café azuzan la fantasía de todos los artistas frustrados, las peroratas sobre la grandiosidad de las obras realizadas por el maestro con sus discípulos en la calma de no sé qué ámbito (¿claustro?..., ¿taller?..., ¿campiña?...) son actualmente fábulas que sólo sirven para rellenar la fosa del pasado, como los trirremes, las galeras y los arqueros, sobre los que todos los rezagados siguen fantaseando. Todo trabajo manual de exacta reproducción verista en la obra de arte es ahora cada vez más inútil o limitado. Actualmente, un cuadro, un conjunto escultórico o un poema responden a una mayor elaboración del objeto, no en el plano superficial de la *ejecución*, sino en la profundidad de la *interpretación*. De esta manera, el artista se ha elevado a la síntesis suprema, al fenómeno plástico puro.

Por eso la literatura se aleja del aplauso de la multitud, trabaja con las relaciones entre los elementos puros, huye de la psicología comparada, anima la materia no fotografiándola en sus aspectos exteriores y transitorios, sino haciéndola vivir en sus fuerzas. A la muchedumbre le bastan el periodismo cotidiano con sus noticias y sus críticas pagadas, la novela y el teatro episódico burgués. Estos recursos secundarios, antaño concentrados en la obra maestra, se han separado de ella y han constituido una abyecta república separada. Son ellos los que diluyen la obra de arte. Los insignificantes divulgadores de pequeños estremecimientos. Siguen, frente a la obra de arte, las vicisitudes de la lucha entre las dos grandes corrientes paralelas y contradictorias de la modernidad: Individualismo y Colectividad.

De manera que, en la pintura y la escultura, la obra ha cambiado de objeto. Desprecia el viejo heroísmo y lo reemplaza por el drama de las fuerzas y el movimiento. Al elevarse a la pura sensación de la realidad plástica, las cosas se revelan a la mente en su finalidad abstracta, antes de que el episodio momentáneo las coloree con su mísera accidentalidad. Por consiguiente, nuestra obra, compuesta de elementos plásticos puros, deja el trabajo de *reproducción verosímil* de los objetos y las figuras para los ilustradores y, sobre todo, para los fotógrafos y demás usuarios de medios mecánicos de reproducción. Si combatimos a los pintores de género, a los retratistas por encargo, a los decoradores falsos y vacíos, sólo lo hacemos cuando su actividad comercial amenaza el campo del arte, del que *deben quedar totalmente excluidos*. Desde el punto de vista de la estética, los observamos con serenidad, ya que los consideramos elementos naturales más o menos agradables, como una máquina de coser, un carro, una mancha en la pared, un florero cualquiera. Nosotros somos la central eléctrica, ellos los transformadores y difusores, sólo eso. Que sigan satisfaciendo las pequeñas necesidades de la multitud, a nosotros no nos tocan. Nuestro campo es otro, mucho más elevado. ¿Acaso podría molestar una bicicleta, un caballo que relincha, un perrito que hace sus necesidades? Con tal de que no sea en nuestra casa...

Por tanto, no es cierto que el artista, por orgullo, se haya aislado y desprecie a la multitud. Es ésta la que ha encontrado alimento suficiente en la subdivisión del trabajo de reproducción, divulgación y venta al por menor de las verdades artísticas puras. Se sacia y vive con lo que la fotomecánica y, en un nivel mucho más bajo, la mediocridad de los artistas le proporcionan. De manera que estamos eternamente en la misma situación: la multitud, o sea, el público, está hoy tan al margen de la obra maestra como lo estaba hace dos mil años, aunque de otra manera. Esto demuestra que en el arte lo esencial siempre está fuera del alcance de la colectividad. Por tanto, es inútil seguir soñando con vastas admiraciones, con multitudes religiosas y extáticas que jamás han existido. La comprensión del arte en la vida moderna se va subdividiendo en innumerables comunidades, cuyos componentes se simplifican cada vez más preparando tal vez el reinado de la pura individualidad que sólo crea para sí misma.

4
PÚBLICO MODERNO EN LA VIDA, RETRÓGRADO EN EL ARTE

Así se explica el conflicto que existe y existirá siempre entre el que crea la obra de arte y el que la encarga. Hoy sobre todo este conflicto entre el artista y el industrial adquiere, para quien conoce la vida de los pintores y los escultores y los arquitectos (no mercantilizados), proporciones trágicas. Hay que reconocer que, si el industrial es esclavo del beneficio y de la clientela, el artista es casi siempre esclavo del viejo concepto del arte. Ahora bien, estoy persuadido de que cualquier intrusión excesiva de *elementos artísticos* tradicionales en una obra realizada con fines comerciales va en menoscabo de su *realidad práctica*.

Nosotros, que deseamos orientarlo todo hacia la realidad en sí, condenamos en la vida el hibridismo de los artistas, su lucha constante entre *un a priori artístico* inexistente y el carácter práctico de la modernidad triunfante. Por tanto, los artistas deben retirarse heroicamente a un reducido ámbito de pureza o han de plegarse a las necesidades comerciales de la industria. ¡Quien no tiene coraje no puede luchar y hacer arte! ¿No es éste uno de los motivos del fracaso total de las tentativas de conferir una nobleza artística (indefectiblemente tradicional) a los anuncios publicitarios y demás? Las escuelas de arte industrial mejorarán muchas cosas, pero siempre generarán una producción secundaria mientras no piensen en la *vida*, sino en el *arte*. Y jamás crearán una obra, como creen todos los que aplican al arte moderno el mismo sistema de desarrollo que el maldito *Trecento* y el más que maldito *Quattrocento* italianos, de los que todos estamos hartos y que nada tienen que ver con nuestra época. Sólo será posible hacer cosas agradables, bellas y útiles si se reconoce que todo converge hacia la arquitectura y que las manifestaciones de la industria, el comercio y cualquier actividad humana sólo pueden orientarse hacia el arte y contribuir al desarrollo estético de una raza si se ajustan estrictamente a las necesidades realistas de la vida. Pero ¡ay si estas manifestaciones se ven enturbiadas y falseadas por elementos artísticos heredados de usos y costumbres de otras épocas, aunque hayan sufrido alguna transformación! Por eso, nunca me cansaré de repetirlo, despreciamos el teatro-tipo trágico. El cuadro-tipo solemne y decorativo. La estatua-tipo heroico. La música-tipo misterio. La poesía-tipo civil, moral y nostálgico... Beethoven, Miguel Ángel, Dante nos revuelven las tripas. ¡Queremos salir de esta atmósfera infectada de añeja sublimidad! Queremos derribar los antiquísimos y carcomidos esqueletos heroicos, ya estén iluminados por el sol grecolatino o velados por las nieblas nórdicas.

¿Sabéis qué nos dan Tristán e Isolda, Sigfrido, Paolo y Francesca, Orfeo, Apolo, Cristo y Juana de Arco, Júpiter y Wotan, Prometeo, Lucifer y todos los violadores montaraces y todos los libertinos libidinosos, pederastas activos o pasivos e incestuosos de la mitología y la leyenda? ¡Asco! ¿Sabéis qué le provocan todos ellos al futurista? ¡Vómito!

Celebramos a los payasos, los acróbatas y todo lo grotesco e imprevisto de los circos y las ferias; el gran anuncio amarillo con el enorme zapato negro que ocupa toda una fachada, *cualquier* estructura de hierro *necesaria*; los juguetes; los bailes; el ritmo ingenuo, conmovedor y excitante de la tonadilla anónima y del *café-chantant*; el ritmo metálico de los talleres. Celebramos el vocerío, la matemática distribución del trabajo en los talleres, los silbidos de los trenes, la confusión de las estaciones, ¡la agitación!, ¡la rapidez!, ¡la precisión! Celebramos el sonido de las sirenas que ha reemplazado al bronce religioso, tedioso y desalentador de las campanas; la pulsación de los motores, las rítmicas bofetadas de las correas de transmisión...

Los colores, los ruidos, los sonidos, las formas, las ideas que corresponden a estas manifesaciones *necesarias* e *inconscientes* de la vida moderna están mucho más cerca de la naturaleza, y por tanto de nuestro arte futurista, de lo que pueden imaginarse los vergonzosos cultores de los estilos pasados.

Es difícil encontrar en Italia un pintor que tenga cerebro, y ya es hora de acabar con la insensata fábula de que el pintor sólo debe ver bien. *Sólo ve bien el pintor que piensa bien*. Y sólo quien piensa puede percibir este tremendo conflicto entre público y artista. Sólo observando y juzgando con serenidad el fenómeno histórico del que somos víctimas se puede encontrar el coraje para combatir y avanzar sin que nos afecten los prejuicios vulgares que nos rodean. Muchos afirman, y todos lo acatan con temor, que el público raramente se equivoca en sus juicios. Nada más falso.

El desarrollo del sentido colectivo ha creado un nuevo monstruo: el PÚBLICO. El artista, ese héroe convencional, está paralizado de terror por tener que luchar contra él... Es una consecuencia de la democracia... En realidad, el público es una bestia instintiva, que en el fondo sigue el instinto que la impulsa a buscar un guía, un amo, o sea, una *fuerza*. Sin embargo, el público, esclavo de la costumbre como todos los seres inferiores, se rebela ante las fuerzas nuevas. Y cuanto más nuevas menos las acepta, hasta que el tiempo, a través de obras mediocres y de divulgación, le brinda la posibilidad de comprender y someterse nuevamente a una fuerza conductora.

Si analizamos esas *fuerzas* que arrastran a la muchedumbre, comprobamos que, en general, están compuestas de simplicidad genial, de viejas síntesis digeridas hace siglos y cuya asimilación no requiere esfuerzo alguno (Verdi, Carducci, Dumas hijo, Rodin, Zola, Tolstói, Böcklin, etcétera). Así vemos cómo el denominado público inculto goza y aplaude cualquier obra que encarne instintos arquetípicos o costumbres populares milenarias. Si, de otra parte, analizamos las *fuerzas* que guían al denominado público culto (la elite, como todos creen), comprobamos que están compuestas de elementos destilados de una sublimidad y una poética que no existen, por un misterio de convenciones tradicionales ajenas a la realidad. Encontramos elementos de gracia, de refinada superficialidad, de histeria cultural: todo ello uniformado plagiando directa o indirectamente las obras maestras *célebres* del pasado (Gabriele d'Annunzio, Oscar Wilde, Huysmans, Puvis de Chavannes, Gustave Moreau, Dante Gabriele Rossetti, Burne-Jones, etcétera, etcétera).

En ambos casos se trata de un fenómeno pernicioso que crea desconfianza y odio en los que buscan elementos nuevos, los descubridores, o sea, los *difíciles*. En definitiva, puede decirse que incluso los artistas sinceros, como por ejemplo Gaetano Previati, Henry de Groux, Puvis de Chavannes en la pintura, traicionan, incluso en su lucha contra el público, la causa de nuestra fundamental renovación pictórica. Proporcionan al público una nueva manipulación de lo sublime, que con ese ropaje distinto crea la ilusión de ser el exponente de una nueva sensibilidad. Se acercan a la tradición imitando la silenciosa solemnidad de las obras maestras del museo; complacen a los intelectuales, a los enfermos de cultura, a los esnobs de la sublimidad artística a los que la gente en general admira, escucha y teme como oráculos infalibles, y a nosotros sólo nos queda aparecer como locos o mistificadores.

En materia de pintura y escultura nos encontramos a menudo con una extraña contradicción. El *comprador* se halla casi siempre en el estado de ánimo de un individuo-tipo extremadamente civilizado, cuyo gusto varía de época según su temperamento particular. Y el artista, cuando se trata de un talento auténtico, siempre parece un inepto, un bárbaro, un degenerado cultor de la fealdad.

Pero la sociedad moderna presenta otros fenómenos contradictorios. A veces se trata de un público de burgueses, enriquecidos en la industria o en el comercio de patatas, algodón, cerdos y otras cosas útiles; esos burguesotes ignorantes que tienen mujeres enormes, rubicundas, cubiertas de joyas, y que os piden frivolidades decorativas dieciochescas, pátinas quinientistas, preciosismos florales y libertinos, como si fuesen auténticos decadentes...

A veces se trata de un público democrático de intelectualoides anarquistas y socialistas; los de corbatón negro y tacones gastados, que se presentan en las conferencias con sus *compañeras emancipadas*, con gafas, desgarbadas y sucias..., de pose eslava, o alemana, o ibseniana. Cabría esperar algo de esta extrema izquierda de la vida y de la política... Pero no: son los necios más empedernidos, los más vulgares defensores de trivialidades tradicionales, de tópicos morales y reaccionarios. Los futuristas siempre los hemos visto violentamente contrarios e insensibles a todas las investigaciones revolucionarias en el arte, aunque lo lógico hubiera sido que éstas despertasen algunas analogías elementales en sus entendederas de sindicato... ¡Pufff! ¡Qué asco!

Otras veces, en cambio, son aristócratas, príncipes, gente con escudo nobiliario y condecoraciones, curas (todos nombres que designan estamentos a los que los futuristas no asignamos valor alguno) quienes se interesan por las manifestaciones estéticas más subversivas del arte moderno y las alientan... ¿Acaso no visitaron nuestra primera exposición futurista de Roma curas y frailes, algunos de los cuales tomaron fotografías y pronunciaron conferencias en los colegios en los que enseñaban? ¿No leyó todo el mundo por aquellas fechas las supinas trivialidades que ese grandísimo zote de Enrico Ferri dijo sobre el futurismo en una entrevista con un redactor del *Giornale d'Italia*?

¡Es como para creer que el cerebro humano ha perdido toda unidad! ¡Lamentablemente, en esta anarquía de tendencias, opiniones, prejuicios e ignorancia estética, el cretino pregona a voz en cuello sus derechos mientras la angustia envenena la vida del artista que lucha con el arte y la miseria!

5

CONTRA LA OBSESIÓN DE LA
CULTURA Y CONTRA EL MONUMENTO
NACIONAL

En nuestra época en formación, la difusión de la cultura ha enmascarado el raquitismo de una sensibilidad derivada de una ignorancia secular. Ha dado arrogancia a la mediocridad intelectual que antes callaba ante el reconocimiento de una jerarquía de saber o de patrimonio. Y así como ciertas libertades empiezan creando confusión, también la democratización del saber, el furor por las bibliotecas, las universidades populares han envalentonado a todas las mentes vulgares vanidosas y mediocres y, en cuanto a lo que nos afecta como pintores y escultores, el arte se ha convertido en *lo que gusta*, según una expresión general y democrática...

Actualmente el libro se ha convertido en una gigantesca obsesión. No hay idiota (variante culta) que no se crea importante cuando tiene un nuevo libro sobre la mesa o una revista bajo el brazo. ¡Toda la majadería alemana o, mejor dicho, el peor aspecto del carácter germánico ha oscurecido nuestra diáfana y jovial genialidad italiana! La crítica, la crítica de la crítica, el ensayo crítico sobre la crítica de la crítica, y la monografía representan la más alta aspiración del intelecto itálico. El profesor (no el que enseña en las escuelas, que es el más maltratado), sino el profesor de algo, el profesor en sí, se ha convertido en un ídolo, y la cultura, la cultura elevada, como suele decirse, es un establo donde los frígidos castrados de Italia se acuestan solemnemente sobre el estiércol de su erudición. Pronto también nosotros tendremos, como en Alemania, jóvenes que se pongan gafas sólo para darse tono, para acercarse al *tipo estudioso*.

El artista italiano ávido e ignorante se somete hoy a un doble imperativo: el del *hombre de cultura*, ahíto de papel impreso, y el del nuevo rico, el *aficionado*, totalmente vacío... Uno pontifica, el otro corrompe. Entre ambos, infatigable lanzadera, corre el periodista-crítico, que no suele tener cultura ni dinero, que puede estar lleno de buena voluntad, pero que, ignorante hasta rayar en lo grotesco, siempre se equivoca y sufre por tanto la influencia de ambos.

¿Acaso no estamos viendo desde hace tiempo cómo las columnas de los periódicos se llenan con una noticia extraordinaria? Un secretario general de Bellas Artes (creo que se los puede calificar de verdadera plaga nacional) había rascado un poco más que los otros el friso de un fresco en una iglesia de Rímini y había descubierto... el nombre de Isolda... ¿Os imagináis la turbación, el júbilo, la euforia del periodista que se hizo con la noticia? Si a semejante insensatez y vaciedad se dedican columnas enteras en los periódicos, ¿qué debería escribirse acerca de las investigaciones creadoras de los artistas o los científicos, de los que luchan por la patria o por una idea, de los aviadores, los exploradores, qué digo, acerca de los mineros, los obreros, los faquines?...

Si la idolatría del libro, del análisis, de las estadísticas, de la crítica, si la obsesión por la conferencia, por el concierto, por la velada wagneriana, debussiana, straussiana, si el frenesí de lo artístico y lo erudito revelan en la juventud europea una miseria física, una relajación del temperamento, un vergonzoso reblandecimiento de todo impulso heroico y agresivo, en Italia esta plaga adquiere rasgos muy singulares.

Afortunadamente, los italianos de hoy están saliendo del denominado período *preindustrial*. Pero casi todos emergen cubiertos de magulladuras o con los huesos quebrados... La maravillosa atmósfera juvenil que se está creando, y en la que Italia se apresta a convertirse en una gran potencia trabajadora y militar, esta atmósfera es poco apta para los pulmones deteriorados por el polvo de las bibliotecas y los museos, por el hedor secular de las excavaciones. La sombra del monumento nacional ha debilitado hasta ahora la virilidad italiana y todo descontento acude a la cultura para tranquilizarse.

Nuestras grandes ciudades se han formado con los desechos de esas cárceles del intelecto que son las «ciudades del silencio», como las llamó un gran pasadista.[2] En su mayoría, las personas cultas (me ocupo de ellas porque, lamentablemente, en Italia la multitud vegeta entre la botella, el juego de las bochas y la mujer, tanto en el campo como en las ciudades) añoran las serenas lecturas, las conversaciones y los epistolarios académicos, las sombras de los muertos famosos, el huertecillo, las campanas, el pío pío de los gorriones, las discusiones interminables e inútiles en el pequeño café de provincias o a través de las desiertas callejas de la vieja Italia... Y cuando sueñan con la acción... de los otros, enarbolan arro-

---

[2] Antónimo de «futurista». (*N. del T*)

gantes la huera retórica del imperio de Roma y esos viejos y famosos estafermos desarmados que se llaman Dante, Petrarca, Miguel Ángel... ¿Acaso la conquista de Libia no se hizo calcando los ejemplos de Roma, de Venecia, de Lepanto? ¿Acaso G. d'Annunzio no comparó a nuestros vigorosos alpinos friulianos con los arqueros de la República de Génova?

¿Acaso no se sostiene casi todo en nuestra Italia sobre tópicos, frases hechas, famas usurpadas?...

¡Oh, qué náusea nos produce este deplorable espectáculo intelectual y civil! ¡De todo esto deriva esa atmósfera de añoranza perpetua y de escepticismo que nos oprime y ahoga!

Los que por indolencia o cobardía o incompetencia no son capaces de encontrar satisfacción en las manifestaciones modernas del arte sólo pueden mirar hacia atrás y añorar al genio único, el pico excelso y solitario surgido en medio del desierto, y dedicarse a soñar y suspirar por Fidias..., por Miguel Ángel..., por Tiziano...

Los que se sienten incómodos con las nuevas concepciones filosóficas de la vida... miran hacia atrás y añoran el dogma y la iglesia, el férreo sentimiento religioso, la aniquilación del cuerpo o el triunfo de los sentidos, y maldicen el mundo de hoy, sueñan con el mundo cristiano o el mundo pagano..., con Grecia.

Los que se sienten incómodos con el ruido de las luchas políticas, las reivindicaciones sociales, etcétera, miran hacia atrás y fantasean con la sabiduría de Salomón, el férreo derecho de César, los esplendores del Rey Sol, la gesta de Napoleón...

Podría citar centenares de ejemplos del malestar enfermizo, del nostálgico descontento de estos degenerados de la cultura, de estas almas aún demasiado endebles para nuestra gloriosa atmósfera de dinamita.

Para muchos, la imposibilidad de amar el mundo que nos rodea, la vida que vivimos, los nuevos ideales que nos guían, es hoy causa de un doloroso malestar.

¡Sobre todo para los italianos, todo lo *moderno* es sinónimo de *feo*!... Por ejemplo, a Milán y a las pocas otras ciudades italianas que en lugar de la habitual «gloriosa tradición» tienen un maravilloso presente y un formidable porvenir, se las califica de ciudades vulgares y horribles. Entre paréntesis, he de decir que el único vislumbre de arte italiano, con excepción de Fattori y de algún *macchiaiuolo* florentino, nos llega de Milán (Ranzoni, Cremona, Rosso, Segantini, Previati). Para un veneciano, un florentino o un romano, el movimiento moderno es una aberración de la que hay que huir lo antes posible, después de haberle dedicado un gesto de burla o de compasión. Las muchedumbres multicolores y febriles le resultan monstruosas al italiano que ha consagrado toda su noble existencia a discutir sobre la grandeza pasada de la Patria por las tranquilas calles de su pequeña y amada ciudad (por cierto, capital), poblada de sombras gloriosas, con sus viejos palacios cerrados, sus jardines cerrados, sus mentes cerradas...

Los talleres eternamente despiertos y rugientes inspiran horror al italiano que se ha pasado la vida concentrado en su estudio y en la admiración del último capitel, al fondo a la derecha, de tal o cual palacio, o de la segunda bóveda, a la izquierda, de tal o cual iglesia... monumento nacional.

Las estaciones, los ferrocarriles, tan negros y tan indisociables de los fuegos, los fragores y el humo, suscitan horror entre los italianos que después se embarcan en discusiones tan estériles como disparatadas sobre la forma de concentrar nuestras tropas en veinticuatro horas en la frontera con Austria... Y no hacen más que contemplar el ocaso silbando desde un banco del Pincio, deambular por las umbrosas alamedas de Boboli o recorrer por enésima vez el *liston* de la plaza San Marco...

Precisamente, este continuo, innoble antagonismo entre el pasado y el presente provoca nuestra debilidad artística, política y social. Nuestros padres vertieron su sangre para liberarnos del yugo extranjero; ¡nuestros profesores vuelven a entregarnos moralmente esposados por el monumento nacional! Consideramos que el monumento nacional es la peor plaga de Italia.

¡Contra la cobardía mental de los pequeños y grandes artistas y de los críticos ignorantes, contra la cultura y la tradición combaten nuestras obras futuristas!

En efecto, es la cultura la que, en nombre de los Griegos y de Miguel Ángel, cerró el camino al impresionismo escultórico, que nosotros queremos continuar transformando en una compenetración sintética de planos. La cultura defiende sola el contorno cerrado en las figuras y propugna viejas concepciones de la plástica y la composición para combatir nuestro colorido interior, la síntesis integral de las cosas, la construcción plástica de los movimientos de la materia... La cultura, siempre la cultura, defiende la inmovilidad, la estática, y niega el *dinamismo* en la pintura. A esta cultura estéril y repugnante le gritamos: ¡BASTA!

6

POR QUÉ NO SOMOS IMPRESIONISTAS

No existe hoy en Europa ni en el mundo ninguna tendencia pictórica o escultórica realmente preocupada por lo que constituye el elemento sustancial de la plástica que no derive del impresionismo francés: de Manet a Cézanne.

Sin referirme a épocas más remotas, empezaré por la que, desde nuestra perspectiva futurista, prepara esta época en que vivimos. La division histórica que introduzco me resulta necesaria para destacar algunos puntos importantes en la evolución de la pintura. De esa manera se entenderá mejor lo que queremos decir.

Después de Rafael, Leonardo y Miguel Ángel, la humanidad agotó en el arte la fórmula de una *sublimidad* definitiva. Con estos tres artistas el arte alcanzó el máximo desarrollo de una parábola iniciada hacía milenios. Si el arte alcanza la cumbre de su grandeza en el momento en que los ideales de una época y una raza, a través de investigaciones naturalistas, se definen en una fórmula abstracta arquetípica, el arte romano, con su verismo analítico e imitativo, se sitúa en un nivel inferior, como una preparación entre Grecia y Miguel Ángel. En efecto, la *abstracción física* de los dioses y héroes helénicos sólo se completa y consuma cuando incorpora la angustia cristiana *interna* de Miguel Ángel. Después del quinientos esta angustia ya no encuentra en el cuerpo humano un instrumento que se preste a su humildad expansiva. Emigra de Italia hacia pueblos más nuevos y afables, menos violentos y voluptuosos, y se transforma en la beata contemplación de los paisajes y los campos yermos, en los bodegones, los retratos, las escenas de familia, las fragmentarias investigaciones naturalistas de los artistas nórdicos. Esta expansión de la contemplación hacia los objetos que nos rodean, hacia el *ambiente*, esta intensificación y este desmenuzamiento del espíritu de observación, este nuevo culto de lo universal, esta promoción plástica de los fenómenos naturales más humildes, este, por llamarlo así, panteísmo plástico ya anunciaba la modernidad.

Por tanto, la historia del arte puede subdividirse en los siguientes grandes períodos:

ABSTRACCIÓN PLÁSTICA GRIEGA
La exterioridad física como centro del universo
{
Preparación:
    Egipcios, asirios, babilonios

Apogeo:
    Arcaicos, Fidias

Transformación:
Arte romano

Estadio final:
Arte bizantino

ABSTRACCIÓN PLÁSTICA CRISTIANA
Pasaje de lo externo a lo interno

{
Preparación:
  Arte romano y bizantino

Apogeo:
  Góticos, Miguel Ángel

Transformación:
  Venecianos, flamencos, Rubens

Estadio final:
  Rembrandt, españoles, franceses
}

ABSTRACCIÓN PLÁSTICA NATURALISTA
Exteriorización de lo interno (ambiente, paisaje)

{
Preparación:
  Rembrandt, españoles, franceses

Apogeo:
  Franceses del siglo xix, Delacroix, Manet, impresionismo

Transformación:
  Divisionismo, postimpresionismo

Estadio final:
  Fauves, cubismo
}

ABSTRACCIÓN PLÁSTICA FUTURISTA
Compenetración simultánea de lo interno y lo externo
{
Preparación:
   Del impresionismo al cubismo

Apogeo:
   Dinamismo-Sujeto-Estados de ánimo

Transformación:
   ¿...?

Estadio final:
   ¿...?
}

Al situar la valoración histórica del arte más allá de la accidentalidad de la obra, se advierte que a veces la obra puede ser excelente sin por ello marcar una época, y que incluso puede estar totalmente fuera de su época.

Abordando, pues, las etapas históricas del arte de la única manera posible, es decir, como fundamentales y progresivas revoluciones del epíritu humano en evolución, comprobamos que desde el final del Renacimiento italiano hasta ahora los pueblos de Europa han buscado y aún buscan una fórmula definitiva que transcienda, por su universalidad interpretativa, las infinitas variaciones del análisis y sus consiguientes resultados fragmentarios. De Giotto a Masaccio y Miguel Ángel, todos los artistas trabajaron para irse transmitiendo un instrumento que, enriqueciéndose a medida que evolucionaba, condujese al estallido final del ideal cristiano-pagano. La Capilla Sixtina pudo concluirse en cuatro años porque toda la investigación ya estaba hecha... Con Miguel Ángel el espíritu se interpretaba a sí mismo al manifestarse. El artista no era, como en nuestra época, un intermediario entre la naturaleza y la obra. Se había alcanzado el momento feliz en que la identidad perfecta produce sin posibilidad de errar, porque se refleja a sí misma. El descubrimiento de manuscritos, la exhumación de estatuas griegas o romanas y el Humanismo fueron los efectos de una causa ineluctable: el espíritu aún no había agotado y superado el ideal griego, pagano. Con Miguel Ángel eso se acabó, y hoy la mitología en el pensamiento y en la literatura, y el desnudo, como modelo de belleza y como imagen humana, en pintura y en escultura son falacias ajenas a la verdad y por tanto a la historia.

Tras agotarse la fórmula pagana a través de la última elaboración cristiana efectuada en el Renacimiento italiano, el arte prosiguió su evolución con un retorno a la naturaleza. Retomó pacientemente con los pueblos nórdicos el estudio directo y analítico de los nuevos aspectos de la realidad que el espíritu iba reconociendo y que debían crear y transmitir a las épocas modernas los medios de expresión que utilizamos. Italia, ya fatigada de trabajo y de gloria, se entregaba a un sueño secular.

Lo que muchos no comprenden (y menos aún los críticos, los eclécticos y los entendidos...) es que, después de la denominada decadencia italiana, el nivel del arte de todos los países descendió sumiéndose en la oscuridad de la investigación. Todos los artistas extranjeros posteriores a los griegos y a los italianos experimentaron inexorablemente esta impotencia para crear una expresión arquetípica de lo que constituía la aspiración ideal de sus razas.

Tal vez aún no había llegado el momento, tal vez la parábola de la sensibilidad naturalista todavía no había podido culminar: lo cierto es que, tan pronto como se liberan de la servidumbre de la copia verista, los artistas nórdicos se orientan hacia el arte de los pueblos meridionales. Nuestro sol los deslumbra. Los franceses, los flamencos, los alemanes, los españoles, los ingleses sólo nos han dejado obras de análisis, de reproducción ingenuamente erudita atraída por lo verdadero, y retratos. Para comprender cabalmente cualquiera de estas obras es preciso relacionarla con episodios, fechas, características de tiempo, de lugar, de costumbres, de clima. Todos ellos elementos ajenos al arte. Siempre falta el carácter de universalidad al que llegan naturalmente los pueblos meridionales.

De Rembrandt a los impresionistas, en todos los países que buscaron sucesivamente la afirmación de su individualidad estética, hubo dos categorías de artistas. En una podemos incluir a los que llamaré los *sinceros*, que estudiaron la naturaleza en los paisajes que los rodeaban y por ello llegaron a ser, en su raza, los exponentes de la evolución del espíritu. Pero al ser nórdicos, o sea, góticos, y por tanto inferiores, no se elevaron jamás desde la imitación verista hasta lo arquetípico y dejaron obras fragmentarias y analíticas. En la otra categoría, en cambio, podemos situar a los artistas que llamaremos los *artificiosos*, que en lugar de la naturaleza estudiaron el arte y por ello llegaron a ser exponentes de cultura y de mundanalidad. ¡Se dieron cuenta de que las grandes épocas en arte se manifiestan mediante fórmulas arquetípicas, abstractas, y pretendieron alcanzar la síntesis, lo heroico, lo solemne! Pero al ser nórdicos, o sea, góticos, y por tanto inferiores, jamás pudieron elevarse hasta la síntesis latina y cayeron en la imitación de los griegos y los italianos: en el *helenismo* y el *italianismo*.

Sólo desde hace cincuenta años, en Francia, las investigaciones pictóricas han adquirido un carácter universal. Han excavado un canal único: el impresionismo, que con sus posteriores evoluciones ha preparado una nueva concepción plástica formal y sustancialmente renovada.

La historia del arte entre el siglo xv y el xix es una lucha continua, más o menos evidente, de los artistas franceses, flamencos, alemanes, españoles e ingleses por liberarse del *italianismo* que, como todo el mundo sabe, fue, según la época o la moda o los temperamentos, florentino, romano, veneciano o boloñés. Tal vez el prerrafaelismo inglés haya sido la última de estas crisis. Las necesidades históricas y los orgullos nacionales han movido a los diversos países a bautizar como renacimientos estos artificiosos regresos al «grandioso» pasado de la academia y la cultura. Pero de esto hablaré más adelante. El hecho es que los verdaderos temperamentos pictóricos de todas las naciones que sintieron profundamente el instinto de su raza fueron, en su totalidad, desde el Renacimiento italiano hasta el presente, naturalistas, analíticos y fragmentarios. No hay que olvidar que ése es el rasgo fundamental del arte de los pueblos del norte. En las artes figurativas nunca fueron capaces de abstracción, de síntesis, ni supieron crear lo arquetípico. Sus obras pictóricas y escultóricas se vuelven simbólicas por transposición literaria, filosófica y sentimental, jamás por abstracción de formas arquetípicas y sintéticas en sí mismas. Falta el auténtico, profundo sentido plástico. El arte ha sufrido esta influencia durante trescientos años. La reacción que ahora se manifiesta en Francia, en España y, sobre todo, en Italia, con nuestra pintura y escultura futuristas, nos muestra que el genio italiano recobra su inevitable predominio artístico sobre el mundo.

No evocaré toda la historia del impresionismo: ya lo han hecho otros. Sólo indicaré sus características esenciales, para mostrar la distancia que nos separa de ese movimiento.

Los impresionistas, a quienes en otra parte he calificado, en razón de su experimentalismo, de temperamentos científicos, fueron los auténticos iniciadores de la gran ruptura con el pasado. Y ello porque su reacción marcaba, aunque todavía de forma rudimentaria, un principio de identidad entre la *sensación* y la *creación*.

Los italianos no debemos olvidar que la ineficacia de algunas dotes pictóricas de nuestro Cremona resulta precisamente de la acción negativa de la antítesis que existe entre su sensación, algunas veces moderna, y su cerebro lleno de sensiblería romántica y de viejo rollo itálico. La ineficacia de algunas deformaciones de Gaetano Previati se debe a que responde a una emoción incompatible con su forma, a su vez incompatible con su color. La eficacia de una nueva combinación de colores complementarios o de un contraste de tonos o de una deformación expresiva nueva, se pierde por completo si no surge identificada—según una ley que escapa a nuestro control—con un *objeto* igualmente nuevo. Llamo *objeto* a los elementos que se manifiestan en la construción del cuadro o la escultura. Deformar un rostro con la intención de evocar un Cristo, o aplicar el impresionismo o el divisionismo al drapeado más o menos quinientista de una madona, a la armadura de un héroe o a un caballero medieval, es un contrasentido, un desdoblamiento entre la cultura y el instinto. De este error gravísimo los pintores italianos apreciamos todas las consecuencias cuando comparamos nuestra sensibilidad con la de los pintores extranjeros modernos, sobre todo los franceses.

Sin embargo, la verdadera gloria de los impresionistas de Francia (por lo demás, no hay otro impresionismo que el francés) consistirá en haber indicado el camino hacia una real y moderna identidad entre lo interno y lo externo. En ellos no se encuentra ningún sujeto[3] que no proceda de esa realidad de la que tomaban las formas y los colores. Al subvertir las viejas leyes escolásticas, se vieron obligados a aplicar un análisis y un control permanentes. Observaron, experimentaron en sus telas los efectos más ínfimos y fugaces para transmitir con since-

---

[3] Si bien en algunos contextos parece más pertinente interpretarlo como «tema», el término *soggetto* se traduce invariablemente por «sujeto». No por mantener una anfibología, más marcada, sin embargo, en el uso del italiano que en el del castellano, sino por tratarse de una opción del propio autor. Sobre la importancia de la «subjetividad» en la concepción futurista de la pintura, véase, en particular, el capítulo 7 *infra*. (Para una crítica de la preocupación de los futuristas por el «sujeto», véase el artículo de G. Apollinaire citado por Boccioni en la pág. 125 *infra*.) (*N. del T*)

ridad la impresión de los innumerables aspectos nuevos que la realidad revelaba a sus ojos atentos.

Era inevitable que, pese a su carácter lírico, estos experimentos siguiesen siendo fragmentos esclavos de la verdad como concepción y, por tanto, objetivos y limitados como interpretación. Además, la negación de la fantasía y la composición, así como el método totalmente experimental, determinaban su indiferencia por el sujeto y privaban a sus cuadros de la fuerza universal de la continuidad. El estudio de la naturaleza no era (no podía ser) un medio para escoger elementos plásticos destinados a componer una concepción plástica interna, un puente para crear... ¡era un fin en sí mismo! El cuadro era ya cualquier estudio fragmentario de cualquier objeto o episodio de la vida. Si bien en el cuadro impresionista confluían mil tesoros de amorosa y febril observación, siempre producía una penosa impresión de vaga, relativa semejanza, que podía continuar indefinidamente, sin obedecer a ley alguna...

Sin embargo, en el cuadro impresionista se inicia el camino hacia la nueva *unidad plástica* de la que he hablado y que marcaría el origen de un progreso que aún dura, cuya meta es una nueva *sublimidad* definitiva, más abstracta que la griega o la cristiana.

Con los impresionistas, las piedras, las plantas, los animales empiezan a cambiar de forma y, sobre todo, de color. Y, cosa esencial, empiezan a perder su valor sentimental de imagen. Así se crea el *motivo* impresionista. Aunque tímidamente, las cosas se convierten ya en el núcleo de un ambiente circundante, y este ambiente es una vibración atmosférica que empieza a resultar plasmable. Es cierto que con ello pierden una dimensión: la profundidad; pero conquistan y crean para siempre un nuevo cuerpo: la atmósfera. Por primera vez un objeto vive y se completa con el ambiente en una relación de influencia recíproca. Por primera vez se ve sobre la mejilla, hasta entonces rosada, la accidentalidad verde del prado que nos rodea y, sobre nuestra ropa, el rojo del canapé en el que estamos sentados. Se necesitarán treinta años para que esta compenetración y simultaneidad, limitada en los impresionistas al color, se extienda también a la compenetración y simultaneidad de las formas, y esta evolución tan lógica y tan clara suscitará el escarnio y la hostilidad implacables que el público decente prodiga a los pintores futuristas.

La violenta negación de la fantasía y el misterio; los bosquejos febriles con que los impresionistas trataban de aferrar las cosas y los efímeros momentos luminosos por los que atraviesan; el frenesí por la luz que exacerbaba el color y destruía el claroscuro: todo esto produjo, con el paso del tiempo, obras que fueron gritos de desalentada admiración por el espectáculo del mundo. La apariencia reemplazó a la realidad. En lugar de ver la luz y las cosas como ideas plásticas absolutas, las sometieron a la relatividad de tiempo y de lugar.[4] La naturaleza fue para los impresionistas algo situado fuera de ellos, y lo que consideraban inalcanzable era su propio control de

---

[4] Recuerdo los títulos de dos cuadros que formaban parte de una exposición reciente de Henri-Edmond Cross en la Galería Bernheim de París: *deux octobre, trois heures (vent) nord-est* y *arc-en-ciel (est) 19 oct. 4 h. 30...* Imposible concebir mayor fidelidad en una teoría.

los innumerables aspectos de una realidad que creían exterior a ellos y que, en cambio, estaba en ellos como experiencia de cultura resultante de todas las épocas pictóricas anteriores.

Lo que, en cambio, queremos los pintores y escultores futuristas es algo opuesto que se basa en sus principios. Es decir, retomar y continuar coherentemente las investigaciones impresionistas anteriores a su involución y decadencia.

Esta continuidad de la evolución estética, que en el arte prosigue inexorablemente más allá de las contingencias humanas del éxito y la moda, se apreciará con más claridad en el siguiente cuadro sinóptico, sobre todo por quienes estén al corriente de la pintura francesa de los últimos treinta años. La inconmensurable ignorancia italiana tal vez descubrirá nombres que no son los de los viejos y gloriosos carcamales del arte moderno italiano.

Dejo de lado las subdivisiones transitorias, como: *neoimpresionismo, divisionismo, postimpresionismo, sintetismo, fauves*, etcétera.

Muchos de los artistas citados en el cuadro sinóptico pasaron sucesivamente por esas etapas. Sólo he querido asociar de forma aproximada al artista con el carácter de la investigación en que ha hecho más hincapié.

Las dos o tres heroicas personas que en Italia entienden de pintura no tendrán dificultades en leer este cuadro con la debida flexibilidad.

Ante todo aclaremos que, mientras que los impresionistas se caracterizaron por su interés en la luz y el color presentando las formas como bosquejos dinámicos, lo que nos preocupa a nosotros es dar estilo a la luz

IMPRESIONISMO

Manet

COLOR (sensación)	{ Monet, Sisley, Pissarro, Renoir — Cézanne, Degas, Gauguin, Van Gogh, Derain }	FORMA (intelecto)
ESTUDIO DE LA REALIDAD CON DIVISIÓN DE LOS ELEMENTOS CROMÁTICOS (predominio científico)	{ Seurat, Signac, Cross — Picasso, Braque }	ESTUDIO DE LA REALIDAD CON DIVISIÓN DE LOS ELEMENTOS FORMALES (predominio científico)
SÍNTESIS DE COLOR ESTÁTICA (exacerbación del color que no encuentra la forma)	{ Matisse, Delaunay — CUBISMO (Gleizes, Metzinger, Léger) }	SÍNTESIS DE FORMA ESTÁTICA (exacerbación de la forma y el claroscuro que no encuentran el color)

↓

ABSTRACCIÓN PLÁSTICA FUTURISTA

Lo interno y lo externo aparecen en compenetración simultánea. Síntesis de color y forma.
Dinamismo — Sujeto — Estado de ánimo-plástico

BOCCIONI   CARRÀ
RUSSOLO   SEVERINI
BALLA   SOFFICI

y el color impresionistas y crear, por tanto, una forma definitivamente integrada en el color. Pero sería insuficiente que nos limitáramos a un simple análisis de formas, como los impresionistas y los neoimpresionistas se detuvieron en un análisis de colores. Nosotros hacemos una síntesis de los resultados de las investigaciones sobre el color y la forma. Sin embargo, esta síntesis tampoco nos conduce a las imágenes estáticas y sucesivas (esto es fundamental para nosotros), como sucede en el caso de nuestros amigos de Francia, cubistas y demás, sino a una nueva presentación de la realidad en su manifestación esencial. Es decir, antes de que esta realidad se individualice en una distinción tradicional de los elementos naturales (distinción que siempre suscita en nosotros un mundo de imágenes sentimentales perjudiciales para la plástica pura), queremos dar vida a la materia traduciéndola en sus movimientos. Pero también esto es un puente hacia nuestra pintura, y en los capítulos siguientes explicaré de qué manera converge en la pintura futurista (estados de ánimo plásticos, sonidos, ruidos y olores).

Por tanto es fácil comprender que nosotros, que procedemos del impresionismo, nos situamos en cambio en sus antípodas. De hecho, queremos universalizar lo accidental creando leyes basadas en lo que nos ha enseñado desde hace cincuenta años el *instante* impresionista. Por consiguiente, en lugar del accidente inmovilizado, presentamos la accidentalidad definida en una forma que es su ley de sucesión.

Mientras que los impresionistas hacen un cuadro para presentar un *momento* particular y subordinan la vida del cuadro a su semejanza con ese *momento*, nosotros sintetizamos todos los momentos (de tiempo, lugar, forma, color-tono) y con ellos construimos el cuadro. Este cuadro, como organismo independiente, tiene su propia ley, y los elementos que lo componen obedecen a esta ley creando de ese modo la semejanza del cuadro consigo mismo.

Volvemos, pues, a unos conceptos-plásticos generales, pero conservando todo nuestro horror, nuestro odio por los conceptos plásticos que gobernaron la pintura antigua. Por tanto reaccionamos violentamente contra el impresionismo y proclamamos el advenimiento de un nuevo orden plástico, una nueva jerarquía de valores constructivos. Sin embargo, ninguna afinidad nos conduce a simpatizar con los órdenes jerárquicos tradicionales, como sucede en el caso de algunos cubistas, que de esa manera acaban apartándose de la verdad. Así, en el prefacio-manifiesto del catálogo de la 1.ª Exposición de París (5 de febrero de 1912) escribíamos lo siguiente: «Si bien repudiamos el impresionismo, desaprobamos enérgicamente la reacción actual, que pretende aniquilar la esencia del impresionismo, es decir, el lirismo y el movimiento. Sólo se puede reaccionar contra la fugacidad del impresionismo superándolo. Nada más absurdo que combatirlo adoptando las leyes pictóricas que lo precedieron.» Ahora añado que, lejos de retroceder, estamos dispuestos a destruirlo todo y a volver a levantar en las esquinas de los suburbios las barricadas impresionistas.

Queremos que el cuadro vuelva a dominar como obra independiente gracias a una ley dinámica que brota de la potencia de movimiento del objeto, y que el tiempo y las investigaciones de los artistas futuristas irán definiendo con más precisión.

Con esto llegamos a lo que anuncié en la primera conferencia que pronuncié en el Círculo Artístico Internacional de Roma (29 de mayo de 1911), es decir, a la *eternidad* de la *impresión*. Llegamos a lo que tanto angustiaba a Cézanne como para que dijese, con su genial y confusa intuición: «Il faut faire le musée devant la nature»; como para que dudase, en sus últimos años, de su capacidad de «realizar». Para Cézanne, realizar equivalía a crear. Por tanto, no es al museo al que hay que someterse como maestro de estilo frente a la naturaleza. Ése es el error de los cubistas y de muchos otros. Recuerdo a un pintor italiano que me decía en París cuánto le hubiera gustado pintar a los carreteros y los caballos que trabajan a orillas del Sena con el estilo y la perfección del *Gattamelata*... Es un error sincero que parece ser verdad como aspiración, pero es absolutamente falso como realización. Un error en el que muchos incurren, aunque sea un síntoma claro de impotencia y ceguera. Para avanzar hacia el estilo plástico de nuestra época, es preciso, en cambio, *vivir* la sensación que nos llega desde la renovación impresionista, olvidar la inmovilidad de la contemplación tradicional de lo verdadero, y concebir y determinar en una forma la relación plástica que existe entre el *conocimiento* del objeto y su *aparición*. Quienes no comprenden ni aplican esto en la pintura y la escultura se equivocan por completo.

La impresión vivirá, pues, en la duración a través de *la forma única* de su desarrollo. Por tanto, la impresión no es, para nosotros, la ejecución del objeto detenida en su reproducción aproximativa, de la que los impresionistas se sirvieron para indicar el movimiento, sino que es el objeto presentado en su complejidad de *sensaciones* (apariciones) y *construcciones* (conocimiento).

El conocimiento produce la construcción relativa a las masas que componen el objeto, en dirección centrípeta. La aparición produce la construcción relativa a las partes que vinculan el objeto con la atmósfera y con los otros objetos, en dirección centrífuga.

La primera equivale, como fuerza del objeto, a la *cantidad*, la segunda a la *cualidad*.

La afirmación de estos valores esenciales brinda a la pintura y a la escultura futuristas la posibilidad de crear la solidificación de la impresión y reacciona contra la disolución de la decadencia impresionista sin por ello volver a una construcción estática de los cuerpos. Por tanto, nosotros reconducimos la plástica hacia el volumen, la corporeidad, los valores horizontales, los espesores, perdidos por completo desde el impresionismo debido al culto tradicional y excesivo a las apariencias. En los impresionistas la apariencia luminosa se había convertido en una degeneración perniciosa del estudio de lo verdadero, que los conducía a una evaporación blancuzca de los cuerpos y destruía cualquier asomo de construcción. Pero, volviendo a los elementos fundamentales de la estructura de los cuerpos, nosotros no negamos, como la teoría cubista, las conquistas de los impresionistas: *la atmósfera, el movimiento y el lirismo*. Por el contrario, hemos enriquecido el objeto, porque si, para crear esta atmósfera, los impresionistas restaban 50 de solidez formal a una unidad-objeto de valor 100 y le añadían un *quantum* similar de atmósfera, nosotros, en cambio, creamos una nueva unidad-objeto de valor 150. Así tendremos: objeto (100) más atmósfera (50) igual a objeto-ambiente (150). Esta concepción profundamente realista de la estructura de los cuerpos ha creado el DINAMISMO en la pintura y la escultura, es decir, la solidificación de la impresión sin amputar el objeto o aislarlo del único elemento que lo nutre: la vida, o sea, el movimiento. De esta forma evitaremos caer en lo que ha sido la pintura hasta el presente: una enumeración de objetos recortados sobre un fondo.

Hoy nuestra evolución mental ya no nos permite concebir a un individuo o un objeto aislados de su ambiente. En pintura el objeto sólo vive en su realidad esencial como *resultante plástica* de la composición objeto-ambiente.

Por consiguiente concebimos el objeto como un núcleo (construcción centrípeta) del que parten las fuerzas (líneas-formas-fuerza) que lo definen en el ambiente (construcción centrífuga) y determinan su carácter esencial. De esta manera creamos una nueva concepción del objeto: el objeto-ambiente, concebido como una nueva unidad indivisible. Así pues, si para los impresionistas el objeto es un núcleo de *vibraciones* que aparecen como color, para nosotros los futuristas es, además, un núcleo de *direcciones* que aparecen como forma. En la característica potencialidad de estas direcciones encontramos el *estado de ánimo plástico.* Con esta novísima concepción de los movimientos de la materia, no expresados como valores accidentales de interpretación sentimental y narrativa de lo verdadero, sino como equivalentes plásticos de la vida en sí, llegamos a la definición dinámica de la impresión, que es intuición de la vida.

Ésta es una de las bases de la pintura futurista.

7
QUÉ NOS SEPARA DEL CUBISMO

La confusión en que incurren continuamente los críticos-periodistas, más por ignorancia que por mala fe, entre *futurismo* y *cubismo* me induce a aclarar y descartar algunas de las diferencias que nos separan de los cubistas.

No es preciso que repita lo que he escrito en artículos y dicho en conferencias sobre la estima que, a despecho de los incompetentes, sentimos por nuestros amigos de Francia. Hablaré de lo que, según nosotros los futuristas, constituye su error fundamental: una especie de vicio de origen que no les ha impedido situarse hasta ahora en la vanguardia de la pintura europea.

Empleo el nombre de *cubismo* para entendernos y me refiero al grupo que con más asiduidad expone y combate bajo ese nombre por una pintura más abstracta, por una nueva construcción del cuadro, una reacción sistemática y violenta frente al impresionismo. En realidad, el nombre *cubismo* no denota una tendencia bien definida. Surgió de una exclamación jocosa de Matisse, se hizo célebre porque se interpretó en un sentido distinto del correcto y ahora, al cabo de tres años, se disgrega y se transforma. Alrededor de los cubistas hay otros pintores jóvenes que ya representan una evolución, preparan obras más avanzadas y profundas, totalmente distintas, opuestas a lo que debería formar realmente la escuela cubista.

Sin embargo, antes de hablar del cubismo he de referirme a Pablo Picasso, sin detenerme a analizar y considerar la anterioridad de las investigaciones cubistas y las divergencias más o menos explicables entre él y los cubistas.

Picasso representa el último desarrollo de la renovación impresionista. Y como todos los desarrollos extremos contiene ya su negación, pero una negación que no llega a organizarse. En este artista asistimos a la última etapa de la afirmación de los valores plásticos iniciada con Cézanne. En las obras de su último período, el estudio de la forma se orienta cada vez más hacia un concepto fundamental basado en el conocimiento objetivo de la realidad. Sin embargo, después de la sorpresa inicial se advierte que este concepto formal es el resultado de una medición científica impasible que destruye todo calor dinámico, toda virulencia y toda variación marginal de las formas. Este calor dinámico, esta virulencia y esta variación marginal infunden, en cambio, a las formas una vida que está fuera de la inteligencia para proyectarlas hacia el infinito. Éste es el resultado de la emoción plástica, de la sensación delirante, de la intuición.

La medición científica a que me refiero se efectúa desde un punto de vista *circular* en virtud del cual el artista se convierte en un analista de la inmovilidad, un impresionista intelectual de la forma pura. De hecho, Picasso copia el objeto en su complejidad formal a través de la descomposición y la enumeración de sus aspectos. Con ello crea la incapacidad de vivirlo en su *acción*. Se lo impide su propio procedimiento, la enumeración a que me refiero, pues detiene la vida del objeto (movimiento), separa sus elementos constitutivos y los distribuye en el cuadro conforme a una armonía accidental inherente al objeto. Ahora bien, el análisis del objeto siempre se lleva a cabo a expensas del propio objeto: es decir, aniquilándolo. Por tanto, lo que se extrae son sus elementos muertos, con los que jamás se logrará *componer algo vivo*. Por más que se hable de un arabesco vivo y de la individualidad abstracta de una composición cualquiera como puro conjunto emotivo de planos, volúmenes y líneas, los futuristas proclamamos que la pintura evoluciona hacia una comprensión más sintética y significativa del objeto.

Por tanto, Picasso destruye la emoción al paralizar la vida en el objeto. Y lo mismo hacían los impresionistas con la luz. La aniquilaban al descomponerla en sus elementos espectrales. Son fenómenos de análisis científico necesarios como medios de renovación que, sin embargo, es preciso superar.

Un cuadro de Picasso carece de ley, de lirismo, de voluntad. Presenta, despliega, desarrolla, trastoca, desglosa, multiplica indefinidamente los detalles del objeto. La sección vertical del objeto y la fantástica variedad de aspectos que pueden adoptar en su cuadro un violín, una guitarra, un vaso, etcétera, producen un asombro análogo al que despierta en nosotros la enumeración científica de los componentes de un objeto que hasta ahora, por ignorancia o por tradición, habíamos considerado como un todo unitario. Este descubrimiento era inevitable, necesario, en el arte. Es el resultado precioso de una elaboración, pero no es todavía la emoción, o al menos es sólo un aspecto de la emoción. Es el análisis científico que estudia la vida en el cadáver, que diseca los músculos, las arterias, las venas, para estudiar sus funciones y descubrir las leyes de la creación. Pero el arte ya es creación en sí mismo y no requiere acumular conocimientos. La emoción en el arte quiere drama. La emoción en la pintura y la escultura modernas canta la gravitación, el desplazamiento, la atracción recíproca de las formas, las masas y los colores, es decir, el *movimiento*, es decir, la interpretación de las fuerzas. Fijar de antemano como único objetivo el análisis integral del volumen y de los cuerpos significa detenerse. Persistir en esa vía es querer crear contra natura. Es volver a concebir el objeto en un absoluto inmutable, ya destruido y eliminado de nuestra concepción de la vida. Repito lo que decía en el capítulo anterior porque en esto reside la clave del *dinamismo* que los futuristas italianos hemos creado. Hoy, nuestra evolución mental ya no nos permite concebir a un individuo o un objeto aislados de su ambiente. En la pintura y la escultura el objeto sólo vive su realidad esencial como resultante plástica de la composición objeto-ambiente. Picasso ha querido observar y proyectar los múltiples aspectos del objeto y disponerlos en el cuadro de modo que las formas del objeto-ambiente sólo participen en él como elementos accidentales circundantes. Para ello ha inventado un esquematismo cuya estructura se compone de nociones apenas veladas de misterio, ya que con mucho esfuerzo alcanzan a rozar las fronteras del arte. Pero siguen siendo nociones y como tales son ajenas al arte y, por ende, a la emoción.

Evitar, como él ha hecho, el estudio de las relaciones, de las fuerzas que actúan entre objeto y objeto, equivale a perder la síntesis y el movimiento limitando la inspiración. De hecho, su cuadro siempre es la enumeración de los aspectos de un objeto central, comentado por los diversos aspectos del ambiente que lo rodea. Concepción del todo tradicional, pese al punto de vista circular.

El objeto y el ambiente no se conciben como una nueva unidad de fuerzas contradictorias y en evolución. Por lo demás, es imposible hacer vivir dos objetos, es decir, la acción de sus influencias recíprocas, analizando una por una las partes que los componen. Este análisis superior es una estilización del análisis nórdico. Su resultado, como emoción, es análogo al que producen los cuadros antiguos compuestos de figuras-retrato. El análisis psicológico objetivo de las figuras destruía *la unidad, el calor, la acción*, que son las bases fundamentales de la creación en la obra de arte. Por eso el cuadro seguía siendo negativo. Al enfatizar la inmovilidad como resultado del análisis, Picasso pierde el sentido del volumen, que era uno de los principales imperativos de Cézanne. El análisis extremado del volumen lo ha conducido, de obra en obra, a una representación cada vez más abreviada de los cuerpos. Ha acabado en la mera alusión, indicación de la forma. En lugar del volumen, presenta la fórmula equivalente. Dada la transparencia y maleabilidad de estas formas o esquemas de formas, es posible multiplicarlos indefinidamente. En esto radica la extrema complejidad del arabesco picassiano.

Es cierto que el volumen, tal como lo conciben algunos cubistas, conduce a lo monumental, es decir, al *grandioso* pasado, al cuadro, a Miguel Ángel, a Rafael, a Poussin, a David, a Ingres, etcétera, y Picasso odia *la grande machine,* como me decía, y desprecia eso en los cubistas.

Tiene y no tiene razón. La tiene porque, si ha de caerse en la vieja composición de imágenes, es mejor *limitarse* a cultivar la forma por sí misma. No tiene razón porque es inevitable que, al disponer de elementos de forma y de color más abstractos que los antiguos, el artista trate de construir un drama más abstracto que el antiguo. Más aún: la forma y el color sólo pueden vivir a condición de definirse en el drama—en el estado de ánimo plástico.

Nacer, crecer y morir: ésa es la evolución que fatalmente hemos de seguir. No avanzar hacia lo definitivo significa negarse a esa evolución, a la muerte. ¡Todo se encamina hacia la catástrofe! Por tanto, hay que tener el coraje de superarse hasta la muerte, y el entusiasmo, el fervor, la intensidad, el éxtasis son aspiraciones a la perfección, es decir, a la consumación. Hay que acabar con las negaciones, con el miedo a realizar. No hay que olvidar que la revolución futurista conduce el arte hacia una nueva gran época definitiva, clásica, como dicen los demás...

Por eso los futuristas propugnamos el cuadro, o sea, la composición, y la ley, o sea, el orden y la escala de valores plásticos. Pero para nosotros el cuadro no tiene las características que definirán el cuadro cubista: no es la enumeración analítica de Picasso o de Braque, sino la vida misma intuida en sus transformaciones dentro, y no fuera, del objeto.

Estamos de acuerdo con Picasso cuando quiere destruir la pintura, porque también nosotros en Italia trabajamos desde hace varios años (primero aislados y luego unidos en la solidaridad futurista) para destruir todo lo viejo pictórico idiota tradicional realista, decorativo, ahumado, de museo, pero se equivoca totalmente cuando no advierte que la investigación de elementos abstractos no conduce a una *construcción abstracta*. Pensando en esta construcción ya desde nuestro primer manifiesto proclamamos la necesidad del sujeto en el arte, y esta construcción es la que marca el carácter profundamente italiano de nuestra pintura futurista.

Si en Picasso asistimos, pues, a un esfuerzo por liberarse del convencionalismo en el arte (apoyándose en más de treinta años de pintura francesa), los cubistas, en cambio, se apresuran a retomarlo. Si en el primero encontramos una abstracción que raya en la aridez, típica de la raza española a la que pertenece (los españoles siempre han practicado, en el pasado, el análisis más estilizado), nosotros los futuristas, verdaderos italianos serenos y equilibrados, encontramos en los cubistas el frío buen gusto académico francés.

De hecho, los cubistas y sus críticos siempre apelan a la tradición francesa.

¿Se puede hablar de tradición francesa? ¿Se puede hablar de ella a propósito de los cubistas, que quieren crear un estilo universal y para ello se remontan a la tradición francesa y la retoman? En pintura, Francia jamás ha tendido a realizar un ideal convencional. Siempre ha oscilado entre el arte flamenco, del que es una rama de inspiración latina, y el arte italiano, puramente latino.

Cuando hablamos de escultura griega o de pintura italiana o flamenca, nuestra mente capta de inmediato ciclos homogéneos, continuidades históricas en la expresión plástica de una raza. ¿En qué pensamos, en cambio, cuando hablamos de pintura alemana? En monstruos embalsamados realizados por creadores estreñidos. ¿En qué pensamos cuando hablamos de pintura española? En algunos pintores, algunos retratos... ¿En qué pensamos cuando hablamos de pintura francesa? *En estudios parciales de la realidad*, que se suceden desde Fouquet hasta los impresionistas y reflejan las características tradicionales de la raza francesa, sin dejar nunca de luchar desesperadamente contra unos *intentos de estilo totalmente inspirados en la cultura*, que lamentablemente siempre han triunfado en Francia.

Por tanto, llamo tradición en arte al desarrollo lógico inevitable continuo del ideal de una raza por encima de los retrocesos y de las simpatías o las influencias de las escuelas o las modas extranjeras.

Lo que puede calificarse realmente de ilustre en la pintura y la escultura francesas siempre ha sido un valor gótico moderado por la sobriedad y aligerado por la elegancia. También los impresionistas, con su ejemplo de genialidad colectiva (*de colaboración*), han confirmado la tradición gótica en uno de sus principales aspectos. Desde el punto de vista pictórico, el impresionismo es la catedral de la modernidad.

¿Es posible que de este trasfondo gótico surja, sin perder su carácter francés, un estilo universal? Los futuristas italianos respondemos que no. Un estilo universal, no sólo para Europa sino para todos los hombres de raza blanca, únicamente puede florecer en Italia. También a finales del trescientos y a principios del cuatrocientos el arte gótico estaba en su apogeo, pero su poesía realista hubo de emigrar a Italia para poder desembocar en el océano de un Miguel Ángel. Tal vez también hoy se manifieste a través del cubismo esa congelación, ese manierismo extenuado, escuálido e intrincado que caracterizan el embotamiento del arte gótico del cuatrocientos.

Por tanto, la pintura francesa ha sido verista y naturalista o bien fríamente académica e italianizante: siempre con una tendencia característica a la seducción hasta el empalago.

Y cuando en el siglo XIX, liberándose de las frías y estériles influencias grecorrafaelescas, quiso valerse de la riqueza lógica del realismo para alcanzar lo solemne, lo grandioso, lo terrible (romanticismo), casi siempre traicionó lo que en su fuero interno todo buen francés llama *tradition française*.

Por admirable que sea, Poussin no es un genio. Sería, según algunos, el iniciador de lo que los franceses llaman arte nacional o *goût français*. Por lo demás, incluso acerca de esto no hay consenso entre los cubistas. Aunque mejor sería aclarar las cosas. Si arte francés quiere decir buen gusto académico, elegancia convencional, armonía codificada, Poussin inicia la tradición que continuarán Lorrain y David, precedido por su maestro Vien y seguido por Ingres, ese acérrimo grecoburgués. Pero cualquiera que conozca el problema de la pintura comprende que éstas no son las etapas de un ideal plástico de la raza francesa, sino bellas construcciones que responden a necesidades mundanas. No son soluciones de continuidad, sino reacciones académicas, revoluciones de palacio, del gran palacio de la cultura; pero fuera de éste, es decir, en la naturaleza, apenas si se habla de ellas... Y lo mismo sucede en el caso de la arquitectura: Francia *arrange* con elegancia lo que hereda del arte gótico y del romano, sin hacer nunca una síntesis original y profunda de estas dos fuerzas. Versalles y sus pabellones, Lenôtre y sus jardines, ¿no os parecen prodigios de una costurera genial, de una gran recamadora? Es siempre un arte realzado. Siempre triunfa el espíritu mundano, el espíritu culto. Siempre se impone el esfuerzo por renovar los esplendores decorativos del pasado. Raramente el ojo observa la naturaleza y extrae de ella un ritmo y una fórmula enérgicos. Cada vez que los grandes artistas franceses han creado una obra sincera en la pintura o la escultura se ha tratado de algo suave, tímido, casi exento de fuerza plástica, pero a menudo elegante. Tal es el carácter de los pintores genuinos franceses, es decir, realistas y antiitalianos, hasta el siglo XIX, época en la que, con los maestros de Barbizon y los impresionistas, entramos en un período que marca el apogeo de la pintura francesa.

Sin embargo, no olvidemos que, antes de este período, los pintores franceses son más grandes, según lo que para mí *no es* la tradición francesa, cuanto mayor es su elaboración de la herencia de Grecia, Roma, Pompeya y Rafael. A Miguel Ángel no lo comprenden ni adaptan demasiado. Ya es demasiado torvo, demasiado apasionado en la abstracción y su influencia la encontraremos en Daumier, en Delacroix, en Millet, temperamentos poco franceses, si tradición francesa es la de Poussin y David. Mirando hacia atrás, incluso a un mediocre conocedor de la pintura y el arte franceses Cousin sólo puede parecerle mediocre, apenas apreciable como documento. Vouet, un barroco de los más mediocres, jactancioso heredero de toda la decadencia italiana (Carracci, etcétera). Le

Sueur, Le Brun, Mignard, Rigaud, Largillière son vacíos, fríos, mesurados académicos. Claude Lorrain entreví el porvenir en la luz, pero el clasicismo italianizante lo empequeñece, lo hace antipático. Poussin y luego David e Ingres aspiran a lo ideal, lo definitivo, cada uno en su momento, pero, preocupados sólo por Grecia y Roma, fracasan en su intento. Conciben lo abstracto, lo grandioso, lo definitivo, en suma, el estilo sólo desde el punto de vista de los antiguos... extranjeros griegos y romanos.

El carácter y las investigaciones de los franceses no existían para su temperamento embebido de cultura clásica, o a lo sumo rendían homenaje al fondo naturalista e imitativo de su raza con una extraña sucesión de retratos que, sin embargo, no eran sino coloreadas traducciones al francés de mármoles y estucos grecorromanos. Eran obras estériles, personales, privadas de desarrollo en la obra de otros artistas, porque tanto su inspiración como su estilo se nutrían más del arte que de la naturaleza.

Froment, Fouquet, Clouet, Philippe de Champaigne, Callot, los hermanos Le Nain, Watteau, Fragonard, Chardin deberían jalonar la línea directa del realismo francés y de hecho representan la verdadera tradición francesa, pero hay demasiada distancia entre unos y otros, sin que su raza los reconozca ni ellos mismos sean conscientes de lo que representan, medio flamencos, desiguales, demasiado limitados y accidentales. Tímidos y aislados, la suya es más una secuencia basada en una analogía de temperamento, que un desarrollo lógico y continuo.

Ahora recuerdo algo en lo que no me había parado a pensar. Cuando pronuncié en París mi conferencia sobre «pintura y escultura futuristas», en la gran sala de rue de La Boëtie, donde se había inaugurado mi primera exposición de escultura, recuerdo que, en medio del tumulto del ruidoso intercambio de invectivas, mientras analizaba la pintura francesa ponderando las que en mi opinión eran las cualidades de los cubistas, un señor me gritó, mejor dicho, me aulló, rojo, amoratado de bilis, desde una silla a la que se había subido: «¡Monsieur! ¡Les cubistes ne sont pas français!...» El tumulto que se desencadenó y la escena de pugilato que protagonizaron el mencionado señor y los numerosos cubistas presentes en la sala me impidieron meditar sobre lo que me pareció una simple interrupción, una irónica *boutade*. Ahora vuelvo a pensar en ello y me pregunto si tal vez ese señor no tendría razón... No digo que los amigos cubistas no sean franceses: me pregunto si el carácter de su tendencia no será una nueva manifestación de un fenómeno histórico frecuente en Francia. Cada vez que—para limitarme a la pintura—el naturalismo francés inicia un período, un desarrollo que parece encaminarlo hacia una definitiva solución de continuidad, es decir, hacia el logro de una fórmula universal definitiva, en seguida se le superponen elementos de sensibilidad extranjera que, al no ser asimilables por la raza, enturbian, desvían o detienen el puro flujo natural del manantial francés, celta. El sereno dulce y acompasado naturalismo es sustituido por una fría composición intelectual.

Entre la insegura tendencia gótico-verista y la no menos insegura tendencia latino-idealista, Francia llega a su bello grande y lógico florecimiento, que abarca todo el siglo XIX. En ese siglo asistimos, con Gros, Géricault y

Delacroix, al triunfo de un romanticismo (que es un realismo con base idealista) sobre el arte helenizante y rafaelesco de David e Ingres. Asistimos a la aparición de otro romanticismo que se manifiesta en Corot, que es un realista velado de nostalgia clásica; y otro en Millet, que es un realista idílico, tosco y humilde. Por último, a la aparición de los paisajistas de Fontainebleau, con sus investigaciones más o menos veristas. En esta etapa, que todavía no logra liberarse de influencias clásicas italianas, flamencas, holandesas, inglesas, nos acercamos cada vez más a la gran revolución impresionista. Los golpes destinados a lograr una transformación radical que disipe toda duda acerca de la existencia de influencias antiguas—al menos como voluntad de reacción—Francia se los debe a Gustave Courbet y a Édouard Manet. Pero incluso ellos, que tan terribles les parecieron a sus contemporáneos, no son inmunes a las influencias de museo: clásico o español... ¡Cuando se piensa en el terror que sienten los artistas ante la audacia y la arbitrariedad!

El impresionismo, evolución extrema de un naturalismo secular, es al mismo tiempo la primera página del poema que habrá de cantar las fuerzas de la materia más allá de lo particular accidental y episódico.

El motivo impresionista no es más que el primer paso hacia la creación de un organismo plástico, construido sobre la base del puro juego lírico (de masas, líneas y luces) entre el objeto y el ambiente. Éste se ha convertido, no debemos olvidarlo, en el único lenguaje con que se expresa actualmente—dígase lo que se diga—la sensibilidad plástica europea. El impresionismo es, pues, un lirismo plástico que marca el fin de la reproducción de la imagen y la renovación de la imagen. Es la incitación a crear el *hecho plástico*, a crear lo que sólo nosotros, los futuristas italianos, hemos dado y proclamado: *el estilo de la sensación, la eternidad de la impresión, el dinamismo*. Con el impresionismo, pues, parecía que la pintura francesa había alcanzado al fin esa solución de continuidad, ese acceso a una fórmula universal definitiva a la que antes me refería... Pero sucedió lo contrario. Con las investigaciones del volumen y la inmovilidad, el peso, el tono, etcétera, de Cézanne, correctas en su principio y erróneas en sus consecuencias; con el cubismo y sus conceptos aprioristicos, que son el desarrollo sistemático y lógico de los cuadros—tómese buena nota de esto—y no de las enunciaciones de Cézanne, la tradición académica francesa vuelve a imponerse.

Como he dicho al principio de este capítulo, lo que considero cubismo es el intento de dar estilo a todas las verdades de forma y de color, renovadas a partir de los impresionistas. Pero un estilo no se crea con la voluntad o con la cultura, es decir, con el conocimiento de lo que ha sido estilo en otras épocas. Un estilo nace y se desarrolla espontáneamente desde la voluntad profunda de una raza y sobre la base de su sensibilidad fundamental y característica.

No es posible, como pretende la teoría de los cubistas, encontrar un referente apriorístico y fijo que corresponda al espíritu de nuestra modernidad. Los elementos que utilizamos aún son escasos e inciertos. Es pernicioso y falso volver a los antiguos o apoyarse en ellos para infundir a una obra el carácter sereno y universal de lo definitivo. Encontraremos lo definitivo yendo hacia la interpretación de las relaciones de movimiento entre los objetos. Por tanto, en lugar de imponer límites precisos a los objetos, como hicieron los artistas anteriores al impresionismo, es preciso que los objetos sean interpretados en sus recíprocas influencias formales, en la gravitación de las masas, en la dirección de las fuerzas. Los cubistas construyen un tipo definitivo interpretando en sentido negativo las enseñanzas de Cézanne.[5] Con esta interpretación deriva de Cézanne un tipo definitivo que supone una paralización, cuando no un paso atrás. El riesgo de Cézanne era el de todos los artistas intelectuales: el de dejar una puerta abierta a la tradición. En Cézanne observamos intentos reiterados de volver a un clasicismo de museo. Seducidos por ese referente, los cubistas han exagerado los conocidos consejos de Cézanne acerca de la necesidad de volver al cubo, la esfera, el cilindro. Han tomado al pie de la letra la idea cézanneana ya citada: «Il faut faire le musée devant la nature»; más aún: han olvidado la naturaleza y han creado el museo. Han exagerado el enfoque cézanneano del color acentuando, por odio al cromatismo impresionista, el puro claroscuro, sazonándolo de grises y tonos fríos puramente franceses,

---

[5] A propósito de la influencia de elementos de sensibilidad extranjera, ha de observarse que la enseñanza de Cézanne coincide totalmente con la del arte italiano antiguo. En un capítulo de su libro *Du Cubisme*, los dos cubistas Gleizes y Metzinger llegan a la conclusión de que un examen atento permite descubrir que los instrumentos del cubismo tienen «leurs lettres de noblesse» en Miguel Ángel.

En cierta ocasión, el señor Vollard me dijo en París que algún día demostraría que Cézanne era de origen italiano y que su apellido era una deformación de Cesena... A mí eso me trae sin cuidado.

dignos de Giraudet, de Prud'hon y de Ingres. Su exagerado temor a la representación del episodio los ha llevado a generalizar las formas incurriendo en una generalización exterior ajena a ellos mismos y carente de toda vitalidad. Fieles a la tradición académica francesa, han querido elevarse hasta el concepto en la forma, olvidando que el concepto debe surgir como una purificación de la objetividad naturalista y no ha de ser un proceso de imitación y afinidad con los antiguos.

Por eso a los italianos no nos interesa la búsqueda de un tipo artístico que debería cerrar la parábola del arte moderno. Que cierren la parábola de una tradición nacional esos cubistas que se declaran herederos de Poussin, o los que se declaran herederos de Clouet y de todo el naturalismo francés. Los futuristas italianos no tenemos ninguna tradición que clausurar o continuar. El paganismo expresado en lo arquetípico humano concluyó y murió con Miguel Ángel. Ya no nos interesa y no conservamos ningún vínculo con él. Lo definitivo, en el sentido clásico, griego o italiano antiguo, es algo que los futuristas desconocen por completo. *Los italianos modernos no tenemos pasado.* Tal vez los franceses pueden creer que son los continuadores de algún gran primitivo de su propia tradición. Es comprensible. La línea natural de los primitivos franceses se quiebra con el *italianismo* de Luis XIV. La vuelta a la naturaleza—pese a su preciosismo y sus afeites—de Watteau, de Fragonard o la más humilde y sincera—y más profundamente pictórica—de Chardin se detienen y se desvían nuevamente ante Winkelmann y Raphael Mengs. Cézanne, pero sobre todo los cubistas, vuelven a interrumpir, con un nuevo intelectualismo cerebral y tradicional, la obra de Monet, de Pissarro, de Renoir... Tal vez sea inevitable... En Italia, por el contrario, desde los primitivos, desde Cimabue, hasta Miguel Ángel, los venecianos, Caravaggio, Bernini y Tiépolo, podemos seguir un desarrollo ininterrumpido, inevitable, claro, en el que los artistas se suceden en cada etapa de investigación como creadores plenos, poderosos y definitivos. Canova no existe en la historia de la sensibilidad italiana. El ingreso triunfal que la novísima pintura italiana ha hecho en la sensibilidad europea con los pintores futuristas nos permite albergar grandiosas esperanzas para el porvenir.

Desde la muerte de Miguel Ángel hasta ahora, la Europa pictórica ha buscado y acumulado los elementos de un *nuevo* ideal arquetípico que sólo los italianos podremos expresar. Los futuristas somos los únicos *primitivos de una nueva sensibilidad totalmente transformada.*

Por tanto, los cubistas no llegan a aportar una nueva interpretación de la materia, pues, más que concebirla en el determinismo de las cualidades orgánicas de sus fuerzas, se limitan a captarla en sus dimensiones generales. Se detienen en la cuestión de cómo construir el cuadro, cómo componerlo, cómo distribuir en él las masas y los colores. Desbaratan los elementos del cuadro tradicional y descubren nuevos ritmos para la nueva combinación de una recta con una curva... Pero eso no basta. Todavía se trata de una nueva acomodación de la superficie y no de una interpretación nueva y abstracta de la profundidad.

En algunos cubistas parece que la única preocupación consiste en buscar una nueva ley de frontalidad que—como ha escrito Longhi en un magnífico artículo sobre la pintura futurista—permita «ampliar la superficie plásticamente realizable de un objeto» (*La Voce*, n.º 15, 10 de abril de 1913). Pero esto no basta para construir una figura viva, y menos aún un cuadro. Y como todos los cubistas utilizan en mayor o menor medida los elementos de Picasso, es evidente que incurren en el error de creer que con piezas anatómicas se puede componer una persona viva. La única manera de dar vida a una figura o una obra es vivirla, y Picasso, cuando diseca una figura, la desmenuza, la descompone en sus elementos, la aniquila. Y cuando los cubistas construyen con estos elementos, fabrican un ser muerto, embalsamado.

Además, el cuadro cubista está impregnado de una atmósfera de museo que—nunca me cansaré de decirlo—le viene de Cézanne y de una errónea tendencia a la conciliación apresurada entre revolución y tradición. El estudio y la consiguiente influencia de la antigüedad arcaica, de los negros, de las esculturas en madera, de los bizantinos, etcétera, ha provocado en los cuadros de nuestros jóvenes amigos de Francia una saturación de arcaísmo que es otra plaga pasadista, otro fenómeno de cultura, como las influencias grecorromanas. Aunque tendamos a aceptarlas por su carácter novedoso, aunque nos hayan ayudado a liberarnos del clasicismo, estas influencias de artes rudimentarias son perniciosas para el desarrollo de una conciencia plástica genuinamente moderna. A esto nos referimos cuando afirmamos que somos primitivos. Ninguno de nosotros, pintores o escultores futuristas, padece de ese arcaísmo que comporta una inmovilidad hierática de solemne antigüedad que nos repugna. Vuelvo a repetirlo: hay una dimensión de *barbarie* en la vida moderna que nos inspira. O sea, que no queremos reproducir el movimiento de las masas y los episodios que se suceden ante nuestros ojos. Queremos buscar en las necesidades inconscientes de la vida, en la forma en que éstas se manifiestan, las leyes de una nueva—*¡absolutamente nueva!*—conciencia plástica. A los futuristas nos tiene sin cuidado que los cubistas se transformen, que hoy uno de ellos se dedique al dinamismo y otro al orfismo, que uno hable de vida moderna, de complementarismo o de simultaneidad con una insistencia pueril y desesperada... Conocemos el cubismo con el que se nos confrontó en los artículos y libros publicados en Francia cuando nos dimos a conocer con el *Manifiesto técnico de la pintura futurista* (11 de abril de 1910) y con nuestra primera exposición: Galería Bernheim (6 de febrero de 1912). En el manifiesto y en el catálogo de esta exposición fuimos los primeros que hablamos de *dinamismo*, de *vida moderna*, de *complementarismo* formal y cromático. Se rieron de nosotros y nos criticaron ferozmente. Y ahora muchas de esas cosas se aplican en París, en Alemania, en Rusia y en Japón. Ahí están los periódicos, las cartas, las revistas, los libros que lo prueban. Son innumerables los jóvenes que nos envían desde el extranjero fotografías de sus cuadros. Esto es suficiente para nuestro orgullo de italianos y demuestra que teníamos razón.

Cuando hablábamos del sujeto del cuadro, previendo y concretando la tendencia que hoy todos aceptan, se pretendió interpretar nuestra idea como un deseo de recobrar lo anecdótico... ¿Cómo podíamos pensar en eso nosotros, que—tal vez mejor y antes que todos—supimos valorar el *motivo* impresionista como el principio de la destrucción de la escena representada mediante imágenes? Lo que queríamos era proclamar y hacer entender, en medio de las tendencias ferozmente objetivas que imperaban hace algunos años en Francia, que no es posible alcanzar la síntesis en las formas y en los colores sin entrar en la *emoción*. Es la emoción la que marca la medida, frena el análisis, legitima el arbitrio y crea el dinamismo. Emoción y sujeto son sinónimos.

¡Lo que nos interesaba era el movimiento del objeto! En su interpretación lírica (emoción) está el justo medio, el punto de equilibrio en el que ha de detenerse la representación de la realidad para no sofocar la vida o caer en lo didáctico o en el caos de un análisis superior.

Por consiguiente, y para resumir, los futuristas negamos que el cubismo haya creado un código abstracto, una especie de conceptualismo plástico realmente capaz de sustituir con su determinación arquetípica la intuición del artista. En el arte, pasar al concepto, como quieren hacer los cubistas, cuando no existe en nosotros la identidad entre la realidad exterior y la interior, es peligrosísimo, como lo demuestra la gélida fabricación de imágenes en ciertos cubistas.

Lo que no hay que olvidar es esto: con el dinamismo futurista ha cambiado totalmente el punto de vista. Pese a ser interior, hasta ahora la pintura moderna siempre ha consistido en un espectáculo de imágenes sucesivas desplegadas ante nosotros. Pese a que en los cubistas el objeto se conciba en su valor integral y el cuadro se constituya por la combinación armónica de una o varias composiciones-objeto en una composición-ambiente, el espectáculo no varía.

Lo que queremos presentar es el objeto vivido en su *devenir dinámico*, es decir, la síntesis de las transformaciones que el objeto experimenta en sus dos movimientos: relativo y absoluto.

Queremos presentar el estilo del movimiento. No queremos observar, disecar y trasladar a imágenes; nos identificamos con la cosa, lo cual es radicalmente distinto. De modo que para nosotros el objeto no tiene una forma *a priori*, sino que sólo es definible la línea que marca la relación entre su peso (cantidad) y su expansión (cualidad).

Esto es lo que nos sugieren las líneas-fuerza que caracterizan la potencialidad del objeto y nos conducen a una nueva unidad que es la interpretación esencial del objeto, es decir, la intuición de la vida. Lo que buscamos es *la síntesis en la sucesión de estados de intuición*.

Se nos acusa de dar una visión exterior, de hacer cinematografía, cuando de hecho somos los únicos que avanzamos hacia la síntesis, que es una creación evolutiva e intuitiva.

Puede decirse, pues, que estamos en las antípodas del cubismo. Los cubistas ascienden a la generalización reduciendo el objeto a una idea geométrica, cubo, cono, esfera, cilindro (Cézanne), y se basan en la *razón*. Nosotros alcanzamos la generalización presentando el estilo de la impresión, es decir, creando una forma dinámica única que sea la síntesis del dinamismo universal percibido a través del movimiento del objeto. Esta concepción que crea la forma de la continuidad en el espacio se basa en la *sensación*.

El cubismo ha destruido la fluidez impresionista, pero ha regresado a una concepción estática que fija la realidad.

Afirmamos que el contorno y la línea no existen si se consideran fijos por la delimitación de los planos que incluyen. Se trata de un verdadero regreso a lo antiguo. Las líneas y los contornos existen como fuerzas liberadas por la acción dinámica de los cuerpos. Son, pues, direcciones de fuerzas plásticas (líneas-fuerza) que fluctúan entre el armazón concreto de lo real (inteligencia) y su acción variable infinita y móvil (intuición).

La teoría cubista encierra el objeto en una ideografía *a priori*, nosotros lo vivimos en la fórmula evolutiva del objeto. El cubismo repite el proceso de estilo de los asirios, los egipcios, los griegos y Leonardo da Vinci; nosotros entramos valientemente en la concepción de un estilo evolutivo del todo nuevo. Nos aproximamos a la síntesis dando estilo al naturalismo secular que ha elaborado el Norte; ellos se suman a todas las concepciones del estilo que ha creado durante milenios la ACADEMIA. Interrumpen y rechazan la evolución de la sensibilidad pictórica moderna que nos ha dado el gran impresionismo; nosotros la continuamos. Abrimos una nueva vía; ellos cierran otra.

Por tanto, no extraemos conceptos plásticos accidentales de la cosa, como hace Picasso. No tenemos conceptos fijos por encima de la cosa, como los cubistas. Los futuristas estamos en la cosa y vivimos su concepto evolutivo.

Se trata de rechazar una realidad *a priori* conforme a las viejas leyes tradicionales de la estática, y éste es el abismo que nos separa a los futuristas del cubismo y nos coloca en la primera línea de la pintura mundial.

8
FUNDAMENTO PLÁSTICO DE LA PINTURA Y ESCULTURA FUTURISTAS

Nuestro idealismo plástico constructivo extrae sus leyes de las nuevas certezas que aporta la ciencia. Se nutre de puros elementos plásticos y lo ilumina la intuición de una ultrasensibilidad surgida con las novísimas condiciones de vida que han creado los descubrimientos científicos, la rapidez de la vida moderna en todas sus manifestaciones y la simultaneidad de fuerzas y estados de ánimo así generada.

Con respecto a nuestra acción en pro de una renovación de la conciencia plástica en Italia, la tarea que nos hemos impuesto es la de destruir cuatro siglos de tradición italiana que han adormecido toda búsqueda y toda audacia situándonos a la zaga del progreso pictórico europeo. Queremos inyectar en el vacío resultante todos los gérmenes de potencia que existen en los ejemplos de los primitivos, de los bárbaros de todos los países y en los rudimentos de novísima sensibilidad que afloran en todas las manifestaciones *antiartísticas* de nuestra época: *café-chantant*, gramófono, cinematógrafo, carteles luminosos, arquitectura mecánica, rascacielos, acorazados y transatlánticos, vida nocturna, vida de las piedras y los cristales, ocultismo, magnetismo, velocidad, automóviles y aeroplanos, etcétera. Superar la crisis de lo rudimentario, grotesco o monstruoso que es señal de fuerza sin ley. Descubrir las leyes que se van formulando en nuestra sensibilidad renovada y entrar, como nuestras obras futuristas ya demuestran, en un orden de valores sintéticos.

La famosa cultura de nuestros adversarios siempre se remite a épocas más o menos cercanas para encontrar ejemplos contrarios a nuestra concepción pictórica futurista. Esta famosa cultura de los críticos y de las personas cultas sólo es un galimatías de lugares comunes germinados en el ámbito de la reciente educación democrático-racionalista que ha creado esta ilusión verista: donde todos ven o creen ver un árbol, el arte debe hacer que todos sientan que reproduce un árbol. «¿Pero *así es como usted ve la realidad?*», nos preguntará siempre la pretenciosa necedad de la persona culta. «¡Pero un árbol es un árbol, por Dios!», nos gritan congestionados los médicos, los abogados, los profesores...

Por otra parte, en Italia sobre todo, el ideal de la tradición grecorromana ha arraigado tanto en nuestra secular apatía, ha cristalizado tanto en nuestra conciencia estética, que todo derecho a la deformación basada en la emoción plástica de la luz y de la atmósfera resulta violenta y brutalmente atacado, sofocado y ridiculizado. Por tanto, entre nosotros, pueblo considerado festivo, imaginativo, no existe la caricatura, la fantasía decorativa, la ilustración jocosa en las diversas manifestaciones gráficas de la vida nacional. Todo lo que no se ciñe al concepto de proporción grecorromana o rafaelesca o miguelangelesca (que en su época fueron deformaciones correspondientes a un ideal estético), todo lo que no responde al valor objetivo de la semejanza y de la pueril ilusión óptica se considera en Italia ajeno a la naturaleza y al arte.

En cambio, cuanto más nos remontamos hacia otras épocas, menos asoma la miserable obsesión de la ilusión óptica, que es una de las armas que con mayor arrogancia se utilizan contra nosotros.

La pintura y la escultura de las épocas primordiales se proponen *sugestionar y sugerir*, y para ello se valen de cualquier medio, sin referirse para nada a la estúpida *ejercitación artística*, siempre ajena a la realidad. En esas épocas felices no se conoce la palabra *arte* y menos aún el concepto de lo artístico, como tampoco las artificiosas subdivisiones entre pintura, escultura, música, literatura, poesía, filosofía... En cambio, todo es arquitectura, porque en el arte todo ha de ser creación de organismos autónomos construidos con valores plásticos abstractos, es decir, con los equivalentes de la realidad. Por eso somos resuelta y violentamente antiartísticos, antipictóricos, antiescultóricos, antipoéticos, antimusicales. Las obras de arte de los salvajes, que tan fatalmente han entrado en el proceso de renovación moderna, prueban la verdad de mis aserciones.

El viaje de Gauguin a Tahití, la aparición de los ídolos y los fetiches de África central en los *ateliers* de nuestros amigos de Montmartre y de Montparnasse son una fatalidad histórica en el campo de la sensibilidad europea, ¡como la invasión de una raza bárbara en el organismo de un pueblo en decadencia!

¡Los italianos, más que cualquier otro pueblo, necesitamos lo bárbaro para renovarnos, porque nuestro pasado es el más grandioso del mundo y, por ende, el más peligroso para nuestra vida! Nuestra raza siempre ha dominado y siempre se ha renovado con los contactos con los bárbaros. Debemos sacudir, demoler y destruir nuestra tradicional armonía, que nos hace incurrir en un estilo «gracioso» empapado de vergonzosos lenocinios sentimentales. Negamos el pasado porque queremos olvidar, y en arte olvidar quiere decir renovarse.

Con respecto a las artes plásticas, este violento esfuerzo de renovación, los pintores futuristas lo hemos hecho en Italia en pocos años, para nosotros y para los demás. ¡En Francia ha sido resultado del esfuerzo conjunto de varias generaciones! En cambio, los futuristas italianos hemos tenido que construirlo todo: realización y teoría. Y todo a pesar de nuestra pobreza, y de la de nuestro país, a pesar del desconocimiento de cualquier nueva investigación en que nos han sumido las generaciones de artistas anteriores o contemporáneos. Cada uno de los futuristas contábamos con una obra que implicaba seguridad en nosotros mismos, puente de comprensión con el público italiano y posibilidad de vivir. ¡Lo hemos destruido todo! ¡Escupimos sobre nuestras obras pasadas y nos avergonzamos de los aplausos que nos han deparado! La crítica italiana nos ha vuelto cobardemente las espaldas desde el primer día por temor a pisotear las invectivas escritas, pero también en gran medida por una enorme, inconcebible, humillante ignorancia. Salvo un joven crítico de gran porvenir, Roberto Longhi (*La Voce*, n.º 15, 10 de abril de 1913), la crítica no se ha ocupado de nuestra primera exposición en Roma...

¿Cómo podía juzgarnos una crítica habituada a hablar (con argumentos ajenos a la plástica) de todas las solemnes inmundicias que exponen cada año nuestros jóvenes-viejos y los viejos-muertos, obsesionados por las ventas y las comisiones? Todos saben que esta crítica sólo puede ensalzar las cobardías de todos los *concursos, subvenciones estatales, comisiones oficiales* y demás basuras por el estilo.

Frente a la magra sensibilidad deslucida de la pintura italiana vulgar, egoísta, antinacional, antiheroica, queremos dar a nuestro idolatrado país la grave conciencia de una idealidad plástica suprema, el amor por la investigación aun a costa de estropear y agostar nuestra existencia.

Queremos dar a los italianos la paciencia, el coraje de la soledad en el arte que infunde la fuerza de *descubrir* y destruir en los artistas que surgen las viles concesiones, las transacciones innobles, la caza despiadada y vulgar del favoritismo y la ganancia... Lo que queremos proclamar e imponer en Italia es la nueva sensibilidad que aporta a la pintura, a la escultura y a todas las artes un nuevo material para crear nuevas relaciones de formas y colores. Todo este material de expresión ha de buscarse necesariamente en la realidad y, por tanto, sólo es posible renovarlo liberándolo de los supervalores que el arte y la cultura tradicionales le han pegoteado.

Creo que ninguna manifestación de carácter intelectual y artístico se ha recibido jamás con tanto escarnio y vulgaridad como nuestro *Manifiesto técnico de la pintura futurista*, fechado el 11 de abril de 1910.

Las noches que pasamos redactándolo serán un recuerdo imborrable en nuestras vidas. ¡Todo era futurista: el ambiente y el método! Lo concebimos febrilmente, con fervoroso júbilo, sin indagaciones históricas o filológicas, en dos o tres cafés nocturnos y restaurantes de moda de Milán. Ruidos de vajilla, luces eléctricas, *cocottes*, *viveurs* y camareros, gestos violentos y estallidos de voces a nuestro alrededor: otros tantos impactos que aguzaban nuestros cerebros encendidos en medio del humo azul de los cigarrillos. Sentimos la tortura del jugador que se lo juega todo, la angustia de los exploradores de lo desconocido, la conciencia amarga y sonriente de lo ridículo. Cada frase, cada idea se esgrimían como látigos y veíamos cómo nuestros golpes hacían sangrar el rostro demacrado de la estulticia artística italiana. *Viveurs* relajados, tahúres, *souteneurs*, *chanteuses*, ramerillas y pederastas estaban sentados a nuestro lado, codeándose con nosotros, mientras trazábamos el programa de la regeneración moral y plástica del arte italiano.

Muchas veces la pedante mediocridad de los críticos improvisados ha pretendido echarnos en cara una supuesta contradicción entre lo que afirmamos entonces y lo que hemos hecho después.

La inspiración de nuestro manifiesto técnico era impresionista porque, *queriendo continuar el impresionismo*, propugnaba el lirismo, que para nosotros equivale a sujeto y a dinamismo.

¿Contra qué chocaba esta tendencia? Contra el cubismo, cuyas bases eran y son la estática y la impasibilidad, es decir, la indiferencia y la negación del sujeto-emoción.

¿Qué proclamamos hoy, o mejor, qué han realizado nuestras obras? Expansión de los cuerpos en el espacio como solidificación del impresionismo; simultaneidad y compenetración de los planos; dinamismo y sujeto, es decir, embriaguez lírica por las nuevas, profundas, indestructibles certezas y bellezas de la modernidad. ¿Qué proclama hoy el cubismo? ¡Nada! Sigue fabricando cuadros con formas y colores fundamentalmente tradicionales y arcaicos como una tendencia ya vieja, o bien degenera en una composición gélida y descolorida de esquemas abstractos de imágenes sin sangre ni vitalidad. Y si se desarrolla en su parte más viva acaba aceptando, *en contra de su programa*, nuestras premisas, la continuación del impresionismo, la necesidad del sujeto, de las coloraciones complementarias, ya indestructibles en la retina moderna, exalta la simultaneidad revelada por nosotros, y se convierte en... *orfismo*.

Lo que nadie comprendió en Italia, en este país de pintores y escultores retrógrados y temerosos, fue la profunda sinceridad de nuestro manifiesto. Éste se basaba en el impresionismo porque una profunda, apasionada preocupación por hacerlo surgir de la realidad nos conducía a crear afirmaciones y leyes generales intuidas en las íntimas, escrupulosas y empecinadas investigaciones experimentales que realizábamos cada día ante la llamada verdad. Recuerdo que la famosa afirmación: «Las dieciséis personas que están a vuestro alrededor en un tranvía, etcétera», se me ocurrió en el corso Romana, atravesando una zona de sol que brotaba, como un torrente rutilante, desde la via Orti. Y la otra afirmación: «Y a veces sobre la mejilla de la persona con la que hablamos en la calle vemos el caballo que pasa a lo lejos», se me ocurrió mientras observaba cómo un cochero allá lejos, en la plaza del Duomo, entraba en la zona de luz de la mejilla de un cura parado frente a la tienda Bocconi. Y la afirmación: «Nuestros cuerpos entran en los divanes en los que nos sentamos y los divanes entran en nosotros, así como el tranvía que pasa entra en las casas, que a su vez se abalanzan sobre el tranvía y se amalgaman con él», eran experiencias de los retratos y los estudios de vida moderna que había realizado con la vehemencia de un análisis experimental casi matemático. Así, la idea: «Pondremos al espectador en el centro del cuadro», se me ocurrió en la plaza del Duomo, cerca de donde desemboca la via Orefici, mientras observaba inmóvil el efecto de las personas que se acercaban, pasaban junto a mí y se alejaban.

Marco estos puntos, por decirlo así, topográficos, para mostrar la profundidad de nuestro arraigo en la fe y la sensibilidad objetiva impresionista y en qué medida el primer *Manifiesto técnico de la pintura futurista* no es más que un impresionismo violentado y sintetizado, el único *neo* y *postimpresionismo* posible para nosotros, que teníamos prisa; una especie de *Matisse* teórico que debía preparar apresuradamente nuestra conciencia plástica, nuestra evolución pictórica; una especie de tren militar que, atravesando las posiciones avanzadas de los únicos adversarios temibles (los franceses), debía conducirnos hasta la extrema vanguardia.

¿Cuántos fueron los que dieron la razón y apoyaron ese manifiesto? Dos de los integrantes del grupo signatario del primer manifiesto (que leí por primera vez en el proscenio del teatro Politeama Chiarella de Turín, la noche del 8 de marzo de 1910) se negaron a firmar el manifiesto técnico y regresaron a la oscuridad. Giacomo Balla, maestro de mi primera pureza impresionista, y Gino

Severini, camarada de mis primeras batallas de Roma, ahora residente en París, nos manifestaron muy pronto su entusiasta adhesión.

Por lo demás, no nos quejábamos de ser pocos, incluso éramos demasiados, ¿no es verdad, queridos y maravillosos amigos Carrà y Russolo?... Recuerdo el arrebato de jubilosa alegría que os transfiguró cuando os describí mi primera y larga conversación con Marinetti, y la coincidencia de sus opiniones e intuiciones con las mías, sobre la sensibilidad futurista que era preciso crear en Italia y la urgente necesidad de adherirse al movimiento futurista con un manifiesto pictórico violentísimo. Se requería más que coraje, heroísmo y patriotismo desenfrenados para adherirse entonces al futurismo, rodeado como estaba de odios feroces, de calumnias viles, de todo tipo de hostilidades que hoy van cayendo en el olvido y parecen casi legendarias. ¿No es verdad, queridísimos amigos Buzzi, Palazzeschi, Pratella, Libero Altomare, Mazza, Folgore, Govoni? ¿No creía ciegamente en nosotros el genio adivinatorio de F. T. Marinetti? ¿Recordáis cómo cada una de nuestras arrogantes afirmaciones era comentada con un rugido profundo: ¡cobardes!, ¡cobardes!?... Y aún hoy escupimos estas palabras a la cara de toda la mediocridad y la vileza de las conciencias artísticas italianas, sobre todo de los jóvenes pusilánimes o interesados. A pesar de las numerosas adhesiones, a pesar de la alegría de ver entrar hoy en nuestras filas a dos poderosos ingenios demoledores, Papini y Soffici, a pesar de la admiración que empieza a manifestarse por nuestro movimiento en Italia y más aún en el extranjero, a pesar de las especulaciones que la gente con olfato empezará a hacer sobre nosotros, a pesar de todo: ¡cobardes!, ¡cobardes!...

Nuestro manifiesto técnico era una enunciación de fenómenos observados en la realidad impresionista. La violencia de nuestras afirmaciones era la dilatación de certidumbres luminosas que empezaban a elevarse desde el fenómeno particular hacia la generalización.

En el capítulo 6 he mostrado cómo, habiendo partido del impresionismo francés y continuándolo, es decir, creando la síntesis y el estilo del impresionismo en la forma y el color, nos alejamos de él hasta llegar a conclusiones plásticas opuestas. En el capítulo anterior he mostrado cómo, a través del italianismo de Cézanne y el españolismo de Picasso, el cubismo llegó al estatismo, a la destrucción del cromatismo y de la atmósfera, a la compacidad preimpresionista, abriendo de par en par las puertas a la reacción académica. Ahora trataré de mostrar de qué manera, a través de nuestras obras, la generalización a la que me he referido llegó a convertirse en ley y, por tanto, en estilo de la pintura futurista.

Nuestro manifiesto técnico (1910) decía: «Para nosotros, el gesto dejará de ser un *momento detenido* del dinamismo universal: *será resueltamente la sensación dinámica eternizada como tal.*» Un río de vulgares invectivas se vertió sobre esta afirmación en Italia y en el extranjero. Expliquémosla.

Cuando hablamos de movimiento no nos guía una preocupación cinematográfica ni una necia competición con la instantánea, como tampoco la pueril curiosidad por observar y fijar la trayectoria que recorre un objeto al desplazarse desde un punto A hasta un punto B. Por el contrario, queremos aproximarnos a la *sensación pura*, es decir, crear la forma en la intuición plástica, crear la duración de la aparición, es decir, vivir el objeto en su manifestación. Por tanto, no sólo el objeto presentado en su integridad mediante el *análisis superior* al que me he referido a propósito de Picasso, sino la presentación de la forma simultánea que surge del drama del objeto con el ambiente. Así es como llegamos a la destrucción del objeto y de la representación verosímil.

La acción que el objeto manifiesta en su ambiente representa su movimiento.

Creemos firmemente que sólo a través de su movimiento el objeto determina su drama y dicta la medida de su creación. Por tanto, es incorrecto afirmar que lo que nos interesa es fijar pequeños accidentes fragmentarios. La verdad de la vieja pintura se convierte en peligrosa mentira por el desdoblamiento entre el estudio del cuerpo y el estudio de la fuerza, es decir, entre el estudio de la *cantidad* o *conocimiento* (que he llamado «construcción centrípeta») y el estudio de la *cualidad* o *aparición*, que es la relación del objeto con el ambiente y es una «construcción centrífuga».

Todos los artistas dotados de cierta profundidad conocen la falta de emoción y de infinito que resulta incluso del más lírico de los estudios de la verdad (construcción cuantitativa), y tienen presente el esfuerzo angustioso y vano por adaptar lo que se ha visto a algún estado de composición lírica (construcción cualitativa). Esto, precisamente, es lo que hacía sufrir a Cézanne...

El estudio de los cuerpos minerales, vegetales, animales (anatomía científica) y el estudio de las fuerzas (anatomía visual impresionista) sólo alcanzan la síntesis del objeto cuando son simultáneos. Hoy no es posible estudiar un cadáver para crear en el arte un hombre vivo, como no se puede estudiar un automóvil parado para luego presentarlo en rápido movimiento. Un hombre, un automóvil, han de estudiarse en sus leyes de vida, es decir, en su dinamismo, que es la *acción simultánea* de su movimiento absoluto y su movimiento relativo.

9
MOVIMIENTO ABSOLUTO Y MOVIMIENTO RELATIVO

El movimiento absoluto es una ley dinámica inscrita en el objeto. La construcción plástica del objeto remite en este caso al movimiento que el objeto tiene en sí, ya se encuentre en reposo o se desplace. Hago esta distinción entre reposo y desplazamiento para poder desarrollar mi explicación, pero en realidad el reposo no existe; sólo existe el movimiento, ya que el reposo es mera apariencia o relatividad. Esta construcción plástica obedece a una ley de movimiento que caracteriza al cuerpo. Es la potencialidad plástica que el objeto lleva en sí íntimamente asociada a su propia sustancia orgánica, tanto según sus características generales: porosidad, impermeabilidad, rigidez, elasticidad, etcétera, como según sus características particulares: color, temperatura, consistencia, forma (plana, cóncava, convexa, angular, cúbica, cónica, espiral, elíptica, esférica, etcétera). Esta potencialidad plástica del objeto es su fuerza, es decir, su psicología primordial. Esta fuerza, esta psicología primordial nos permite crear en el cuadro un nuevo sujeto, cuya finalidad no consiste en lograr una reproducción narrativa de un episodio, sino una coordinación de los valores plásticos de la realidad, coordinación puramente arquitectónica y liberada de toda influencia literaria o sentimental. En este primer estado de movimiento, que explico como algo disociado aunque en realidad no lo es, el objeto no se percibe en su movimiento relativo, sino que se concibe en sus líneas vivas, que revelan cómo se descompondría según las tendencias de sus fuerzas. De esta manera llegamos a una descomposición del objeto que ya no es el esquema intelectivo cubista, sino la *aparición* del objeto, su interpretación a través de una sensación infinitamente refinada y superior a la antigua.

En esto consiste, según nosotros, el movimiento absoluto, que se podría denominar hálito o palpitación del objeto. De este *hálito* se encuentra algún indicio tímido e inconsciente en el arte italiano de todas las épocas. Este hálito es la plástica misma. Cuando tardíamente algunos cubistas se han interesado por él, han confirmado lo que ya he dicho sobre su goticismo y han rendido una vez más homenaje a la supremacía plástica de los italianos.

Está claro, pues, que dos objetos de forma diversa se influyen y se caracterizan por la diversa potencialidad de su movimiento absoluto. El más débil, ya sea de temperamento estático o dinámico, siempre estará sujeto a la fuerza del más fuerte, ya sea estático o dinámico.

Por ejemplo, colocando una esfera junto a un cono se tendrá en la primera una sensación de ímpetu dinámico y en el segundo, una sensación de indiferencia estática. En la esfera se observará una tendencia a desplazarse, en el cono una tendencia a arraigarse.

La zona atmosférica que confina con el lado del cono opuesto al que está cerca de la esfera será una *zona vacía* y creará en el cono un perfil nítido. La zona opuesta, influida por los movimientos de la esfera, tendrá una atmósfera más densa y dará a ese lado del cono un matiz de atracción, una reverberación del perfil hacia los círculos y las elipses de expansión de la esfera. Además, mientras que la esfera crea dilataciones horizontales y sugiere posibilidades de expansión, el cono crea penetraciones descendentes y limitaciones angulares en el ápice. La disposición de las luces y las sombras varía y precipita las corrientes de atracción creando variaciones accidentales, siempre presentes como un punto de referencia en la obra de arte, que la humanizan e impiden su abstracción absoluta.

Si se observan los planos inclinados de una pirámide, parece que atraigan un cilindro en posición vertical situado cerca de ella. Y mientras que el cilindro manifiesta dilataciones en espiral sobre sí mismo, la pirámide tiene una tendencia a crear raigambres angulares respecto de planos inclinados. En la pirámide la convergencia de los planos se impone al dinamismo esférico ascendente del cilindro. Éste ejerce una acción sobre sí mismo, la otra ejerce una acción de atracción, de contacto.

En el caso de un cubo observado junto a una esfera, la estática horizontal y perpendicular del cubo lucha con la rotación ideal globular (líneas-fuerza) de la esfera, ya que el cubo y la esfera tienen potencias equivalentes.

Aquí me limito a la observación de cuerpos simples, geométricamente definidos, y de una construcción plástica primaria. El lector ha de imaginar los resultados de la aplicación de este método de estudio a la vida, a las infinitas combinaciones de luces y de formas de los reinos mineral, vegetal, animal y mecánico, para entender a qué éxtasis, a qué visiones de poesía plástica hasta hoy desconocidas accederán los pintores futuristas y las generaciones futuras.

El movimiento relativo es una ley dinámica inscrita en el desplazamiento del objeto. Es accidental por cuanto se refiere más bien a los objetos móviles, o a la relación de los objetos móviles con los objetos inmóviles. Sin embargo, no hay nada que de hecho sea inmóvil en nuestra intuición moderna de la vida.

Lo que acabo de afirmar se basa en la siguiente verdad: *un caballo en movimiento no es un caballo parado que se mueve, sino un caballo en movimiento, es decir, otra cosa, que ha de concebirse y expresarse como algo totalmente distinto.*

Se trata de concebir los objetos que se desplazan sin limitarse a la consideración de su movimiento intrínseco. Es decir, se trata de encontrar una forma que sea la expresión de este nuevo absoluto: *la velocidad*, insoslayable para un auténtico temperamento moderno. Se trata de estudiar los aspectos que ha adoptado la vida en la velocidad y en la consiguiente simultaneidad.

Hasta hoy los hombres han observado los cambios que el viento produce en la vegetación, en el paisaje, en los pliegues de los tejidos, etcétera. Aún no han comprendido que los trenes, los automóviles, las bicicletas, los aeroplanos han subvertido la concepción contemplativa del paisaje. Puede decirse que en la normalidad de la velocidad con que vemos los aspectos naturales, detenerse en la observación perspectivista o anatómica del paisaje o de cualquier otro elemento natural se ha convertido en algo contra natura.

Para hacer una rueda en movimiento ya nadie piensa

en observarla detenida, contar sus radios, fijar su centro y después dibujarla en movimiento. Sería imposible. Sin embargo, este procedimiento, que ya parece absurdo en el caso de una rueda, es el que se pretende aplicar a la figura humana, que vive en el movimiento de los brazos y las piernas y de toda ella. Esto se debe a que, por una tradición antiquísima, la vegetación, los objetos nos interesan menos, *psicológicamente*, que los animales y el hombre. Por eso nos resulta más fácil aplicar a estas formas naturales las innovaciones sugeridas por las necesidades de la vida, que transforman la sensibilidad.

Todos están dispuestos a admitir en el paisaje cualquier construcción y cualquier técnica, pero ya menos en un caballo y menos aún en el hombre, e incluso me atrevo a afirmar que muchísimo menos en la figura de una mujer: hasta tal punto lo noble, lo sublime, lo poético literario se han impuesto en la valoración plástica.

Actualmente, la modernidad ha aplicado en la publicidad, en los dibujos de los periódicos, en las caricaturas, una especie de norma dinámica rudimentaria que, sin embargo, responde a la verdad. Incluso en estas formas modestas y bárbaras se ha tenido, no obstante, menos coraje en el caso de los *seres vivos* que en el de los objetos que se consideran *inanimados*: bicicletas, automóviles, trenes a toda velocidad, tranvías, etcétera. Es más fácil ver en un periódico humorístico el dinamismo aplicado a las formas de un raterillo que escapa llevándose una gallina, que en una batalla pintada por un gran artista celebrado como una gloria nacional. Esto se debe a que en ningún museo del mundo existe un cuadro o dibujo de un gran pintor antiguo en el que aparezca un *ejemplo* de hombre que escapa o que corre, como debería existir.

Cuando nuestros grandes pintores nacionales e incluso extranjeros sienten que se apartan del pasado, sudan de miedo. En los primeros tiempos del impresionismo el violeta se aceptaba para los prados, los cielos, los bosques... ¡Ay si aparecía en el rostro, en los brazos, en el seno de una bella mujer! Lo mismo en el caso del puntillismo: ...una cara con puntos, con franjas, hacía montar en cólera al público, que en cambio toleraba un cielo esbozado e incluso un caballo, o acaso un campesino... Pero en el retrato de un caballero o de una dama... ¡qué horror!

El concepto de movimiento en el estudio y la representación de la vida siempre ha estado excluido del arte, excluido de este odioso templo que quemaríamos si fuese tangible.

Es cierto que las ruedas de un coche, la hélice de un aeroplano tienen un movimiento velocísimo comparado con las piernas de un hombre o las patas de un caballo, pero se trata de una mera variación de formas y de ritmo. Es una cuestión de grados en el movimiento y, sobre todo, una cuestión de tiempo. Cuando un crítico *famoso* y *cotizado* nos haga, por instinto de conservación, el gran honor de llamarnos, en un gran periódico, genios, cuando afirme que también nosotros hemos realizado alguna obra maestra, como Miguel Ángel, Rembrandt, etcétera, el dinamismo se impondrá, evolucionará, se aplicará. Cuando sospechen que también con esto podrán ganar dinero y dormir en paz, muchos pintores se apuntarán...

10

DINAMISMO

El dinamismo es la acción simultánea del movimiento característico propio del objeto (movimiento absoluto) y de las transformaciones que el objeto experimenta en sus desplazamientos con relación al ambiente móvil o inmóvil (movimiento relativo).

Por tanto, no es cierto que la mera descomposición de las formas de un objeto sea el dinamismo. Sin duda, la descomposición y la deformación tienen en sí un valor de movimiento por cuanto rompen la continuidad de la línea, quiebran el ritmo de los perfiles y potencian los conflictos y las indicaciones, las posibilidades, las direcciones de las formas. Sin embargo, esto aún no es el dinamismo plástico futurista, como tampoco lo es la trayectoria, la oscilación pendular, el desplazamiento desde un punto A hasta un punto B.

Dinamismo es la concepción lírica de la formas interpretadas en la infinita manifestación de su relatividad entre movimiento absoluto y movimiento relativo, entre ambiente y objeto, hasta plasmar la aparición de un todo: *ambiente más objeto*. Es la creación de una nueva fórmula que exprese la relatividad entre peso y expansión. Entre movimiento de rotación y movimiento de revolución —en suma, es la vida misma captada en la forma que ésta crea en su *infinita sucesión*.

Esta sucesión, como creo que ya se habrá comprendido, no la captamos con la repetición de piernas, brazos, figuras, como muchos han supuesto neciamente, sino que llegamos a ella a través de la búsqueda intuitiva de la *forma única capaz de expresar la continuidad en el espacio.* Ésta es la forma-tipo que da vida al objeto en lo universal. Por tanto, el antiquísimo concepto de división nítida entre los cuerpos, el concepto impresionista más moderno de subdivisión, repetición, bosquejo de las imágenes, los sustituimos por el *concepto de la continuidad* dinámica como forma única. Y no por casualidad hablo de forma en lugar de línea, porque la *forma dinámica* es una especie de cuarta dimensión en la pintura y la escultura, cuya perfección vital depende de la plena afirmación de las tres dimensiones que determinan el volumen: altura, anchura, profundidad.

Recuerdo haber leído que el cubismo, con sus secciones verticales del objeto y el desarrollo de las partes del mismo en la superficie plana del cuadro, se acercaba a la cuarta dimensión... Pero ese procedimiento sólo es la proyección, en el plano de la tela, de los planos del objeto que no podemos ver por su posición en la perspectiva. Se trata de un procedimiento racional que vive en la relatividad y no en un absoluto intuitivo. Con arreglo a ese procedimiento, la noción integral del objeto vive en las tres concepciones de altura, anchura, profundidad, es decir, lo repito: en lo relativo, en lo finito de las mediciones. Si acaso es posible acercarse con la intuición artística al concepto de una cuarta dimensión, somos nosotros, los futuristas, los primeros en lograr esa aproximación. En efecto, con la forma única que expresa la continuidad en el espacio creamos una forma que es la suma de los desarrollos potenciales de las tres dimensiones conocidas. Por eso no podemos presentar una cuarta dimensión *medida y finita*, sino una proyección continua de las fuerzas y las formas intuidas en su infinita evolución. De hecho, la forma única dinámica que proclamamos no es más que la sugerencia de una forma del movimiento que aparece por un instante para luego perderse en la infinita sucesión de su variedad.

Para concluir: los futuristas aportamos el método que permite crear una concepción más abstracta y simbólica de la realidad, pero no definimos la medida fija y absoluta que crea el dinamismo.

Por su esencia cambiante y evolutiva, la forma dinámica es una especie de halo invisible entre el objeto y la acción, entre el movimiento relativo y el movimiento absoluto, entre lo visible y lo invisible, entre el objeto y el ambiente indivisible que le es propio. Es una especie de síntesis analógica que vive en la frontera entre el objeto real y su potencia plástica ideal, que sólo puede captarse a golpes de intuición.

Me parece que lo que afirmo no es ninguna abstracción delirante, como han pensado todos los que se han reído de nuestras investigaciones. Al contrario, la estática de los antiguos sí que es una abstracción contra natura, una vulneración, una separación, una concepción extraña a la ley de unidad en el movimiento universal. Por tanto, no somos CONTRANATURALES, como piensan los inocentes retrógrados del verismo y el naturalismo, sino CONTRAARTÍSTICOS, es decir, contrarios a la estática que, salvo rarísimos ejemplos que encontramos en las obras más vigorosas y en las épocas más vivas, siempre ha impuesto su dominio a través de los siglos. En realidad, el gesto estático del arte griego y el arte egipcio es mucho más arbitrario que nuestra continuidad dinámica. Nunca hay que olvidar que el arte futurista corresponde a una etapa evolutiva del proceso de compenetración, de simultaneidad, de fusión que la humanidad viene realizando en el plano de la velocidad desde hace millares de años. Por consiguiente, nosotros estamos más cerca de la naturaleza y concebiremos cada vez más el mundo tal como realmente es proyectándonos al interior de las cosas y no reproduciéndolas mediante secuencias descriptivas. Sólo a través del dinamismo el objeto determina su drama e inspira la medida que requiere su creación.

Por tanto, en la pintura y la escultura futuristas no presentaremos un objeto en movimiento abordándolo como mera aproximación por temor a detenerlo y destruirlo al definirlo (impresionismo); no nos limitaremos a la creación de fórmulas abstractas o esquemáticas, siempre limitadas a un concepto exterior y estático del objeto (cubismo); sino que nos interesaremos más bien en el movimiento del objeto, o mejor, en la forma creada por la sucesión de sus estados de movimiento, que representan su potencialidad. El espacio entre objeto y objeto es el que determina su valor plástico, sus influencias recíprocas, es decir, su fuerza dramática.

Con el dinamismo, pues, el arte se eleva a un plano ideal superior, crea un estilo, expresa nuestra época de velocidad y simultaneidad. Cuando nos digan que en el mundo hay movimientos pero también reposos y que no todo corre velozmente, responderemos que en la nueva pintura la *concepción* domina lo *visual*, que sólo percibe lo fragmentario y, por ello, subdivide. O sea, que el dinamismo es una ley general de simultaneidad y compenetración que domina todo lo que en el *movimiento* es apariencia, excepción o matiz.

Por lo demás, ya hemos dicho que somos los «primitivos de una nueva sensibilidad totalmente transformada». Esto abarcaba implícitamente una visión nítida de nuestras posibilidades creativas. Como debemos *recrearlo todo*, los futuristas estamos obligados a hacer y dar lo que somos capaces de hacer y dar. Vendrán otros, tal vez mejores que nosotros, tal vez más valientes, que descubrirán otros campos que nuestro genio no ha podido desentrañar. Bienvenidos sean. Nosotros nos marcharemos con la alegría de haber indicado el camino y creado los medios para emprenderlo.

Sólo un cerebro flojo y adormecido puede afirmar que el predominio del concepto estático en todo el arte del pasado prueba que la inmovilidad es el elemento esencial de la obra maestra. Y aquí se ve cuánta necedad puede caber en un verso maravilloso: «Je hais le mouvement qui déplace la ligne» (Baudelaire).

¡No es la inmovilidad lo que nos fascina en la obra maestra, sino la serenidad que le confiere la *certeza en la ley que la guía*! Después de nosotros vendrán otros que simplificarán la fórmula del dinamismo que hemos aportado; fórmula que hoy puede parecer compleja y de difícil demosttación. Los que vendrán podrán gozar de la certeza que nuestras investigaciones y nuestras angustias han preparado.

Por ahora recordemos que, cuando se habla de obras maestras, todos profieren una sarta de majaderías de calibre mayor..., sobre todo los críticos y los estudiosos del arte... como suele llamárselos. Cuando miramos una obra maestra—nadie sabe jamás a qué obras ha de aplicarse en rigor este calificativo—, debemos pensar que se trata de la que ha sobrevivido, a millares de otras obras maestras abortadas o desaparecidas, y que en la propia vida de su autor representa un momento tal vez completo, pero a veces no el mejor como descubrimiento e indicación. Esta obra llamada obra maestra ha sobrevivido, por mil motivos ignorados y casuales, entre millares de croquis, bocetos, cuadros, etcétera, que han muerto por otros tantos motivos ignorados y casuales. No olvidemos que la tradición nos transmite la obra maestra a través de las generaciones sucesivas, cada una de las cuales deposita mediante la literatura y la poesía un sedimento sobre la obra maestra, un sedimento poético que la vuelve irreconocible.

Y no hablemos, por lo demás, de la divulgación mediante copias, grabados y fotografías, a través de la cual mil episodios gratos o sórdidos de nuestra vida acaban asociándose con la obra maestra escultórica, pictórica o arquitectónica hasta corromper su estricto valor plástico. Tampoco hablemos de los retoques o añadidos que puede haber sufrido, suponiendo que no se trate de una copia o una falsificación forjada pocos años antes por algún falseador autóctono o extraño.

Contra todo este andamiaje, por efecto del cual la obra maestra aparece nimbada de gloria, de aplausos, de luces y reverencias, sólo podemos presentar nuestra obra, que apenas data de unos meses y se anticipa al menos en cien años a la sensibilidad artística italiana; una obra que debe luchar contra la hostilidad de la mala fe y la ignorancia. El público siempre niega la calidad de obra maestra a la obra de un autor vivo, que es un hombre que come, bebe, copula como todos y a quien todos pueden ver y conocer... Es una desgracia para nosotros que estemos vivos y seamos jóvenes...

Cierro el paréntesis y digo que, al fin y al cabo, es inevitable que el público tenga frente a las obras de un contemporáneo la impresión de que aún no están acabadas y que, en lo que respecta a los pintores y los escultores futuristas, algunas de sus verdades aún no se hayan actualizado. De otro modo seríamos una *escuela acabada*, sin más esperanza que la de dejar detrás de nosotros una penosa estela de fríos imitadores.

Hace cierto tiempo recibí desde Roma una carta anónima y plagada de brutales insultos, cuyo autor me preguntaba si aún no había comprendido que el arte, es decir, la creación, es símbolo de liberación, de muerte, y que esta aspiración al infinito nos la sugieren las obras maestras del pasado mediante el misterioso silencio de la inmovilidad... A las delicadezas de ese caballero respondo ahora (si tiene ocasión de leer este libro) que le bastaría con analizar atentamente las obras maestras dinámicas para advertir que en ellas esta aspiración a la nada surge de la disgregación plástica, del violento deseo de salir de nosotros para perdernos en el espacio. La nuestra es una expansión en la velocidad infinita, en lugar de una concentración estática en el Yo.

Por lo demás, nos tiene sin cuidado saber en qué consiste lo misterioso, lo trágico, lo solemne, lo duradero, lo eterno de nuestra obra... Trabajamos con fiebre y con delirio, tenemos hermosas mujeres que nos aman, hacemos viajes. Todas esas otras cosas bellas las dejamos para que las analicen los filósofos, los críticos y los literatos sedentarios.

Volviendo a la esencia plástica de la pintura y la escultura futuristas, puede afirmarse que las antiguas características de enumeración, estática y silencio van siendo reemplazadas en la obra de arte en general por características de simultaneidad, velocidad y ruido.

Por consiguiente, el dinamismo en pintura y escultura es un concepto evolutivo de la realidad plástica. Es el exponente de una sensibilidad que va concibiendo el mundo como una sucesión infinita de una variedad en evolución. ¡Interpretando la movilidad de esta evolución, que es la vida misma, los futuristas hemos podido crear la forma sintética, la forma de las formas, la continuidad!

11

LÍNEAS-FUERZA

Entendemos por líneas las direcciones de las formas-color. Estas direcciones son la manifestación dinámica de la forma, la representación de los movimientos de la materia en la trayectoria que nos dicta la línea de construcción del objeto y de su acción. En estas direcciones se insertan los volúmenes cromáticos que crean la forma-color en su infinita movilidad.

Según el *transcendentalisrno físico,* como acierta en llamarlo el pintor Boccioni, todos los objetos tienden al infinito a través de unas líneas de fuerza cuya continuidad se determina en nuestra intuición. Estas líneas de fuerza son las que hay que dibujar. Interpretamos la naturaleza presentando en la tela los objetos como el principio o la prolongación de los ritmos que estos mismos objetos transmiten a nuestra sensibilidad. (Prefacio al catálogo de la 1.ª Exposición Futurista de París, Galería Bernheim, 5 de febrero de 1912.)

Con respecto a la escultura, ya en mi primer *Manifiesto técnico de la escultura* (11 de abril de 1912) proclamaba que:

Debemos partir del núcleo central del objeto que se quiere crear para descubrir las nuevas leyes, es decir, las nuevas formas que lo vinculan invisiblemente pero matemáticamente al *infinito plástico aparente* y al *infinito plástico interior*. La nueva plástica será, pues, la traducción en yeso, en bronce, en vidrio, en madera y en cualquier otra materia, de los planos atmosféricos que vinculan y atraviesan las cosas. Esta visión, que he llamado *transcendentalismo físico* (conferencia sobre pintura futurista pronunciada en mayo de 1911 en el Círculo Artístico de Roma), podrá expresar plásticamente las secretas simpatías y afinidades que crean las influencias formales recíprocas de los planos de los objetos.

Luego:

Arrasamos, pues, con todo y proclamamos la *abolición absoluta y total de la línea finita y de la estatua cerrada. Abrimos por completo la figura y le insertamos el ambiente.* Proclamamos que el ambiente debe formar parte del bloque plástico como un mundo autónomo, que tiene sus propias leyes; que la acera puede subirse a vuestra mesa y que vuestra cabeza puede cruzar la calle, mientras entre una casa y otra vuestra lámpara teje su telaraña de yeso.

Y más adelante:

Lo que hemos dicho sobre las *líneas de fuerza* en pintura (véase el prefacio-manifiesto al catálogo de la 1.ª Exposición Futurista de París; octubre de 1911)[6] también se aplica a la escul-

---

[6] La diferencia de fecha entre octubre de 1911 y el 5 de febrero de 1912, en el prefacio al catálogo de la primera exposición de París, se explica así: en octubre de 1911 presenté a mis amigos pintores el manuscrito del prefacio para su aprobación y para que pudiera entregarse el texto definitivo que se traduciría al francés, pero la guerra

tura, donde la línea muscular estática debe cobrar vida en la línea-fuerza dinámica.

Y en el prefacio al catálogo de mi primera exposición de escultura (París, Galería La Boëtie, junio de 1913) también señalé:

Mi construcción arquitectónica en espiral crea, en cambio, frente al espectador una continuidad de formas que le permite seguir, a través de la *forma-fuerza* que surge de la *forma real*, una nueva línea cerrada que determina el cuerpo en sus movimientos materiales.
La forma-fuerza es, con su dirección centrífuga, la potencialidad de la forma real viva.
En mi escultura la forma se percibe, pues, de una manera más abstracta. El espectador debe construir idealmente una continuidad (simultaneidad) que le es sugerida por las formas-fuerza, que equivalen a la potencia expansiva de los cuerpos.

Según la vieja y errónea concepción, la línea de construcción del objeto debería, en cambio, encerrar el objeto y expresar su acción. Pero la acción de un objeto, es decir, la fuerza de aparición, de vida, sólo puede captarse calculando esta acción en relación con el ambiente, sin el cual el objeto no puede existir.

Si encerramos el objeto en un contorno más o menos determinado y finito, cometemos una arbitrariedad, ya

---

con Turquía y el interés suscitado por la gesta líbica nos indujeron a aplazar la exposición al 5 de febrero de 1912. Aclaro esto para los pedantes que tratasen de pillarme en falta.

que desprendemos una parte del todo indivisible. Caemos en la vieja apariencia preimpresionista, prerrembrandtiana; nos perdemos en una visión primaria e infantil de la realidad, que era verdad en otras épocas, para mentes primitivas y simples, y correspondía a concepciones de la vida basadas en subdivisiones fijas, estáticas entre animado e inanimado, objeto y ambiente, y en arte entre *solemne* (drama humano) y *no solemne* (drama de las cosas). Ahora bien, si queremos superar el viejo concepto artístico y crear nuevos aspectos de la realidad; si queremos destruir el episodio y crear el objeto vivido en sus fuerzas y no analizado en las partes que lo componen—análisis que casi siempre resulta pernicioso—, comprobaremos que las líneas, las formas y los colores presentados como fuerzas constituyen la única expresión dinámica posible.

Con la determinación de estas fuerzas el objeto se interpreta en su potencialidad propia, despojado de todo valor sentimental, vivo en su dinamismo.

La variedad infinita de la forma de los objetos, su mayor o menor densidad molecular, es decir, la variación de su sustancia orgánica—el peso, la expansión, la fuerza particular con que cada objeto reacciona a las luces y las sombras—, son todos elementos que concurren para dar la medida de las líneas-fuerza, de las formas-fuerza, de los colores-fuerza. El resultado es una construcción del objeto que es su manera de manifestarse, su manera de vivir, una *apariencia* que siempre ha asomado sólo fugazmente porque el análisis en seguida la empañaba por exigencia de los preceptos artísticos, pero que es un valor inmanente, indisolublemente ligado a la forma y la materia del objeto: globo de vidrio, cubo de madera, rectángulo de hierro, etcétera.

Así, el cuadrado de una ventana abierta se convierte en un *cuerpo irregular variable* en el que los cuerpos que viven fuera, en el horizonte, se insertan a través de un *cuerpo conductor* (atmósfera) que penetra en el cuarto con una forma que le han impreso las potencialidades de las formas de los cuerpos que viven fuera.

De esta manera asistimos a un maravilloso espectáculo de influencias entre las líneas-fuerza de los objetos y las líneas-fuerza de la ventana, entre las que se insinúa, con gradaciones de densidad de ímpetu y de escorzos, el cuerpo-conductor de la atmósfera.

De esto se deriva una verdad que nadie ha descubierto antes que yo: *no se trata, como todos creen, de hacer sólo una pintura abstracta, intelectual; se trata además de actualizar y, a través de un refinamiento de la sensibilidad, de volver plástico, concreto, lo que hasta ahora se consideraba incorpóreo, imposible de plasmar, invisible.*

Con esta concepción de la pintura, resultado extremo de una sensibilidad que avanza desde hace milenios, se ha acabado la antítesis entre idealismo y realismo pictórico. A través de las líneas, las formas y los colores-fuerza, el objeto vive en el dinamismo que es la intuición evolutiva del drama plástico. La sensación nunca ha alcanzado un grado tan alto de potencia capaz de crear, a partir de la visión exterior, una interpretación interior del objeto, que, al descubrir una apariencia inmanente y móvil, lo hace vivir en la duración.

Hay en el objeto *líneas, formas, colores ideales infinitos* que parten de las *líneas, formas, colores reales finitos,* que a través de masas-corrientes-atmosféricas vinculan el objeto con los planos de los otros objetos.

Al referirme a nuestra concepción de la construcción del objeto mencioné una construcción centrípeta que, partiendo del núcleo central del objeto con direcciones centrífugas de forma, se vinculaba con el ambiente sólido o gaseoso, es decir, más fluido. En estas direcciones centrífugas se insertan las líneas-fuerza, las formas-fuerza, los colores-fuerza.

Desde luego, se entiende que en la actividad febril y laboriosa de la creación estas direcciones o fuerzas no se manifiestan de una manera definible. Cada nueva interpretación o creación requiere un nuevo esfuerzo intuitivo. Unas y otras imponen al artista una tremenda tensión para poder mantenerse continuamente dentro del objeto, vivir su variabilidad y recrear su unidad. Estas direcciones o fuerzas aparecen a través de infinitos accidentes que son otras tantas aspiraciones que van desde la reproducción de la áspera superficie de un objeto cóncavo o convexo o plano, etcétera, hasta las misteriosas sugerencias de la deformación lírica.

12

SOLIDIFICACIÓN DEL IMPRESIONISMO

En el capítulo «Por qué no somos impresionistas» he dicho que «mientras que los impresionistas se caracterizaron por su interés en la luz y el color presentando las formas como bosquejos dinámicos, lo que nos preocupa a nosotros es dar estilo a la luz y el color impresionistas y crear, por tanto, una forma definitivamente integrada en el color».

Cuando en el *Manifiesto técnico de la pintura futurista* dijimos que «para pintar una figura no es preciso hacerla; lo que es preciso es hacer su atmósfera», ya se expresaba con una imagen violenta y sucinta lo que luego, en la primera conferencia sobre pintura futurista que di en Roma, llamaría la *solidificación del impresionismo*.

Con esto quería decir que para volver a unos valores *seguros*, y al mismo tiempo *dinámicos*, era preciso sustituir la teoría impresionista, que se proponía transformar el objeto en un núcleo de vibraciones, por otra teoría más avanzada que se propusiera transformar el objeto en el núcleo de formas irradiantes.

Por lo demás, mis obras, que algunos (un poco miopes u obnubilados por los recientes hallazgos cubistas) han acusado a veces de naturalismo clásico, siempre han mostrado mi preocupación por continuar el impresionismo y aprovechar todos los descubrimientos naturalistas que le debemos tanto en el plano de la forma como en el del color.

De esta manera, la pintura futurista ha llegado a la solidez de los cuerpos sin por ello perder, como los cubistas, el dinamismo, ya que transforma la vibración disgregadora del impresionismo en una solidificación o construcción centrífuga acoplada a una construcción centrípeta que expresa el peso y el volumen del objeto.

Así pues, en la pintura futurista solidificación del impresionismo es sinónimo de estilo, es decir, búsqueda de una *seguridad dinámica definitiva* capaz de reemplazar a la *inseguridad móvil accidental* del bosquejo impresionista. En efecto:

Tanto en la escultura como en la pintura, la renovación sólo es posible si se busca *el estilo del movimiento,* es decir, si se transforma en sistemático y definitivo como síntesis lo que el impresionismo ha presentado como fragmentario, accidental y, por tanto, analítico. Y esta sistematización de las vibraciones de las luces y de las compenetraciones de los planos generará la escultura futurista, cuyo fundamento será arquitectónico, no sólo como construcción de masas, sino también de manera que el bloque escultórico contenga en sí los elementos arquitectónicos del *ambiente escultórico* en el que vive el sujeto.

Naturalmente, nosotros aportaremos una *escultura de ambiente.* (Boccioni, *Manifiesto técnico de la escultura futurista.*)

Como he dicho en el capítulo ya citado: queremos universalizar lo accidental creando leyes basadas en lo que nos ha enseñado desde hace cincuenta años el *instante* impresionista. Por consiguiente, en lugar del accidente inmovilizado, presentamos la accidentalidad definida en una forma que es su ley de sucesión.

Por tanto, en nuestra plástica pictórica o escultórica, todo lo que en el impresionismo era una mera fusión de tonos que no se atrevían a definirse ni como forma ni como volumen se convierte, en cambio, en una neta determinación de planos y de volúmenes que se compenetran, se persiguen y se influyen en su infinita variedad de espesor, de transparencia, de peso.

Expresar la atmósfera en lugar de la figura significa concebir los cuerpos no como elementos aislados en el espacio, sino como núcleos más o menos compactos de una misma realidad. Porque es preciso recordar que las distancias entre uno y otro objeto no son espacios vacíos, sino continuidades de materia de intensidad variable que nosotros revelamos mediante formas o direcciones que no corresponden a la verdad fotográfica ni a la fría realidad analítica, que siguen siendo experiencias tradicionales.

El objeto de la antigua pintura vivía en una especie de vacío neumático que lo delineaba nítidamente o, mejor aún, lo describía minuciosamente. Nosotros desconocemos por completo este procedimiento. Nuestra sensibilidad es distinta e infinitamente más rica. Por eso en nuestra pintura no tenemos el objeto y el vacío, sino sólo una mayor o menor intensidad o solidez de espacios. Esta posibilidad de medir tanto el objeto como las formas atmosféricas que éste crea con su personalidad plástica permite expresar el valor cuantitativo y el valor cualitativo del objeto, respectivamente.

Esto indica claramente que no era infundada nuestra famosa afirmación, según la cual, desde el punto de vista plástico, «el espacio ya no existe: una calle bañada por la lluvia e iluminada por lámparas eléctricas se hunde hasta el centro de la Tierra».

Se trata de un principio de deformación que obedece al principio de solidificación y nos permite utilizar todas las fuerzas vivas que nos ha transmitido el impresionismo.

De hecho, si bien podemos modelar la atmósfera enriqueciendo y multiplicando los componentes plásticos de un objeto y de un ambiente, es obvio que al hacerlo no podemos olvidar la luz, que es una cualidad de la atmósfera y siempre tiene formas y volúmenes definibles y, por ende, plasmables.

Muchas veces una luz, ya sea un rayo de sol o un rayo de una lámpara eléctrica, atraviesa un ambiente con una fuerza de dirección plástica preponderante. En el cuadro futurista esta corriente de luz se considera una dirección de forma que puede dibujarse, que vive como forma y que tiene valor tangible como cualquier otro objeto.

13
LA COMPENETRACIÓN DE LOS PLANOS

Las investigaciones que, para mayor claridad, estoy exponiendo por separado se muestran en el cuadro futurista como un complejo orgánico e indivisible.

La dura necesidad de exponer las razones de nuestras tesis, que se han hecho célebres en Italia y en el extranjero y han suscitado virulentas discusiones, me obliga a exponer en forma detallada lo que en realidad no puede subdividirse. Es el precio que hay que pagar por prestarse a dar explicaciones, de lo que me avergüenzo sinceramente. ¿Pero cómo responder ante el hocico de tantos periodistas, profesores, artistas y admiradores atónitos? Al fin y al cabo, hay que arrojarles algunas migajas... Pues hagámoslo, pero advierto a *algún lector amigo inteligente* que es precisamente esta complejidad inescindible la que justifica las frecuentes repeticiones y las referencias a los manifiestos técnicos de la pintura y la escultura, así como a los prefacios de los catálogos de nuestras exposiciones.

Con respecto a la compenetración de los planos, diré que es la resultante del dinamismo y de las otras investigaciones que ya he expuesto. Es el medio plástico que permite lograr el movimiento en un cuadro haciendo que los objetos del ambiente participen en la construcción del objeto inmerso en él.

De hecho, si a las influencias cromáticas del ambiente en el objeto, o viceversa, les sumamos las influencias formales, veremos que, en virtud de una misma ley de simultaneidad, también las formas del ambiente influirán en las formas del objeto, como he demostrado en los casos de la esfera y el cubo, el cilindro y la pirámide. Pero esto sólo podrá realizarse plásticamente si se abandona la construcción convencional realista para concebir, en cambio, los objetos como agregados de elementos plásticos que esperan la selección de la emoción para conjugarse y dar vida al nuevo *organis*mo que crea el artista: el *cuadro*. De modo que los planos y los volúmenes de un ambiente y de un objeto ya no son elementos aislados y absolutos, inscritos en otros tantos espacios regidos por una sucesión perspectiva, sino que se compenetran al conjugarse para formar una nueva individualidad, para construir el organismo autónomo (cuadro) que el artista ha de crear.

La escultura—decía en mi manifiesto—debe dar vida a los objetos haciendo sensible, sistemática y plástica su prolongación en el espacio, porque hoy ya nadie puede afirmar que un objeto acabe donde otro comienza y que todas las cosas que rodean nuestro cuerpo (botella, automóvil, casa, árbol, calle) no lo corten o lo seccionen formando un arabesco de curvas y redes.

De hecho, si se detiene un objeto en el punto en que comienza el objeto-ambiente, se paran los dos movimientos, absoluto y relativo, y por tanto su vida dinámica.
Porque el concepto de objeto cerrado finito y medible es resultado de la tradicional preocupación objetiva

y fotográfica de repetir el objeto, y de la preocupación por *situarse delante* del objeto, enfocarlo y, por tanto, separarlo de la vida para trasladarlo al arte... Estos procedimientos conducen a la enumeración analítica, impasible e incapaz de crear el drama. En cambio, a nosotros nos interesa presentar la resultante plástica de la suma objeto + ambiente y, por tanto, detenemos la construcción del objeto en el punto preciso en que la intuición lírica nos sugiere la ayuda complementaria del ambiente. Es en ese instante cuando el elemento ambiente entra en el elemento objeto y forma una compenetración simultánea de los planos.

Ya ha explicado cómo la niebla azul de los impresionistas se transformó en nuestra pintura en un cuerpo definible que vive entre objeto y ambiente, conductor sensible de las fuerzas dinámicas del objeto (solidificación del impresionismo). He demostrado cómo podemos crear la compacidad, la corporeidad, expresando el objeto en su potencialidad dinámica característica, que desde su construcción centrípeta se irradia hacia el ambiente a través de su construcción centrífuga (línea-fuerza).

Es evidente que todo esto conduce a la compenetración de los planos, es decir, a un entrecruzamiento de líneas y de volúmenes de infinita variedad de espesor, peso, transparencia que a su vez diversifican el tono cromático, es decir, la resultante simultánea de los colores puros complementarios; también es evidente que todo esto conduce a una variadísima proyección de influencias y reacciones plásticas que dan al cuadro una simultaneidad de aspectos, una riqueza de movimientos hasta ahora inalcanzables.

14
COMPLEMENTARISMO DINÁMICO

En nuestro primer *Manifiesto técnico de la pintura* decíamos, en total oposición a las ideas que entonces imperaban en Francia, que el pintor moderno necesitaba «un complementarismo congénito» como «necesidad absoluta de la pintura». Naturalmente, muchos creyeron que seguíamos apegados al puntillismo... Lo que queríamos, en cambio, era que al contraste dinámico de los colores complementarios correspondiese un contraste dinámico de las formas. Queríamos un complementarismo de la forma y del color. Hacíamos, pues, una síntesis del análisis del color (divisionismo de Seurat, Signac y Cross) y del análisis de la forma (divisionismo de Picasso y de Braque).

En ese mismo primer *Manifiesto técnico de la pintura* decíamos en efecto: «Nuestros cuerpos entran en los divanes en los que nos sentamos y los divanes entran en nosotros, así como el tranvía que pasa entra en las casas, que a su vez se abalanzan sobre el tranvía y se amalgaman con él.» Y en el prefacio al catálogo de la primera exposición futurista de escultura (20 de junio de 1913) decía: «Por tanto, si un casquete esférico (equivalente plástico de una cabeza) es atravesado por la fachada de un edificio, el semicírculo interrumpido y el cuadrado de la fachada que lo interrumpe forman juntos una nueva figura, una nueva unidad integrada por la suma ambiente + objeto.»

Si generalizamos este caso concreto tomado de la realidad, llegamos a una ley en virtud de la cual cualquier línea o volumen sólo se completa mediante una línea o un volumen complementarios. Así pues, no hay objeto sin ambiente complementario.

Una de las críticas que se nos hace a menudo es la siguiente: que al descomponer los planos de un objeto, al buscar sus fuerzas, al apuntalar una forma con otra forma complementaria, creamos un jeroglífico indescifrable... Se olvida que muchas obras hasta ayer indescifrables resultan ahora legibles y claras hasta la náusea.

La conquista de los colores complementarios se ha convertido en patrimonio común de la pintura. Ya nadie piensa que un rojo que chirría junto a un verde o un naranja, o que choca con un ultramar, pueda perturbar la potencialidad de uno u otro y cree una *incomprensible* mezcolanza de naranja, ultramar, verde y rojo. A nadie se le ocurre decir (como en la época de Manet, Monet, etcétera) que un cuadro impresionista es un garabato. Así pues, se ha *olvidado* (¡oh, la cultura!...) que, antes de las investigaciones sobre el complementarismo, un cielo—por ejemplo—era un rígido plano liso, perpendicular y vacío. Y ahora todo el mundo acepta que el plano de un cielo esté desgarrado, relleno e intensificado con los colores complementarios correspondientes a las gradaciones, rarefacciones, variaciones de espesores que se interponen entre el horizonte y el cenit.

Estas variaciones de espesores, que se manifiestan como simples variaciones complementarias cromáticas, también se manifiestan en nuestra pintura como variaciones complementarias de líneas, de planos, de volúmenes. Así tenemos un complementarismo formal además de cromático.

Ya no hay espacios únicos continuos y vacíos, como tampoco formas posibles que deban ser vivificadas por otras formas complementarias. El contraste simultáneo que se crea es una síntesis que genera el complementarismo dinámico de las formas y las hace vivir en la movilidad. Así, el contraste simultáneo que se crea entre el movimiento absoluto y el movimiento relativo genera una síntesis que es el dinamismo. Por tanto, en la pintura y la escultura futuristas las superficies de un plano, de un volumen, de una línea y los espacios interpuestos, que antes de nosotros eran áridos, vacíos, monótonos y estáticos, se han enriquecido con todos los planos, todas las líneas y todos los volúmenes sugeridos por las necesidades de su individualidad plástica.

Toda forma contiene una aspiración a completarse mediante una forma complementaria imprescindible para una expresión plena de su temperamento (elíptico, angular, esférico, cúbico, cónico, etcétera) y una determinación completa de su situación en la perspectiva (horizontal, perpendicular, oblicua, etcétera).

Infinitas veces hemos dicho que nuestra pintura no se propone la reproducción verosímil de la realidad. Aspiramos a construir un organismo plástico independiente y semejante a sí mismo. Por tanto, renunciamos a todas las fusiones ópticas de los complementarios, ya se deban a un trabajo minucioso del pincel o bien a una distancia prescrita entre el espectador y el cuadro. Rechazamos toda fusión óptica visual, tanto en el caso de los colores complementarios como en el de las formas complementarias.

Si ha de respetarse estrictamente la medida exacta del rojo sobre la esfericidad sugerida por una mejilla, otro tanto habrá de hacerse, e incluso más, interrumpiendo esa esfericidad mediante un plano horizontal u oblicuo que sirva como forma complementaria.

También las leyes de la máxima claridad y la máxima oscuridad que imperaban en el cuadro-escenario se quiebran para crear un claroscuro complementario capaz de adaptarse en cada caso a las necesidades vitales de una forma o de un volumen. Por tanto, así como cada color y cada forma se integran y viven con ayuda de un color y de una forma complementarios, cada superficie tendrá un claro y un oscuro, una luz y una sombra complementarias que harán vivir y *moverse* a esta superficie con una independencia sólo frenada por la ley dinámica del cuadro.

Con este claroscuro complementario e independiente de las superficies, cada forma o volumen de un cuerpo humano (por ejemplo) no se vincula con la forma lógica o, mejor, anatómica, subsiguiente. Esta forma o este volumen viven por sí solos en su determinación expresiva característica que depende exclusivamente de la necesidad emotiva del cuadro.

De esta manera los planos, los volúmenes, las líneas de los objetos se transforman en individualidades libres y al mismo tiempo vinculadas y sometidas a la disciplina unitaria de la obra de arte. Lo mismo sucede en la concepción moderna de la vida social, en la que, al contrario de lo que planteaban las viejas teorías libertarias, la libertad individual aumenta y circula libremente al aumentar la cohesión unitaria de la nación.

¡En nuestra pintura y escultura futuristas hay certezas indestructibles! Toda sombra tiene su luz, como un conjunto independiente que forma una nueva individualidad claroscura autónoma y que ya no es una forma que esté en parte en la luz y en parte en la sombra, como ha sido hasta ahora, sino que es una *forma-luz*.

En cuanto al color, no existen colores fijos, sino la resultante del color y su complementario. Por tanto, ya no habrá algo intermedio entre un amarillo y un violeta, sino un contraste resultante que forma una individualidad cromática variable y fija al mismo tiempo. Este complementarismo no se manifestará mediante puntos, comas o tiras, que son medios ideados para lograr una semejanza objetiva, sino a través de masas, zonas y formas cromáticas complementarias.

Por último, también se ha transformado el concepto de relieve. Al destruirse la continuidad del claro-oscuro, el relieve de los objetos se ha convertido en un elemento autónomo capaz de satisfacer cualquier necesidad concreta de expresión plástica y conferir a cada volumen su potencialidad máxima y característica.

Además, para lograr esta potencialidad máxima y característica, hemos destruido el prejuicio verista-científico según el cual el negro no podía estar presente en la paleta porque no existe en la naturaleza. Empleado en el cuadro como color autónomo, según el procedimiento libre al que me he referido, el negro adquiere un valor transcendental. Utilizado de esta manera, se convierte en un color puro que, en medio de los otros colores que vibran en la tela por afinidad o por contraste, eleva el cuadro a un dinamismo cromático máximo, a un tono altísimo.

Por otra parte, siempre he afirmado, y propugnado contra las tinieblas, los grises y la extrema frialdad de los cubistas, la tonalidad violenta exacerbada obtenida mediante colores puros. Ésta crea en el cuadro una atmósfera saturada de lirismo, de fascinante juventud, de virginidad, de vulgaridad instintiva, feroz, desenfadada, por tanto antiartística, antimuseo. Por lo demás, no hay que olvidar que en las obras de las denominadas épocas clásicas (los primitivos siempre han sido violentos coloristas) los colores nos han llegado a través de un tono dorado o gris en sordina, debido al tiempo y a los barnices, un tono bajo en el que el color se ahoga y contribuye a mantener el cuadro en el silencio y la inmovilidad. La crudeza de los colores y los tonos confiere a la obra un carácter vivaz, ingenuo, infantil, antiartístico y anticultural. En cambio, los colores en sordina viven en una *continuidad* de tono que destruye la autonomía y el dinamismo del color.

15
PONDREMOS AL ESPECTADOR EN EL CENTRO DEL CUADRO

En el cuadro, con arreglo a leyes estáticas y a una concepción de los objetos como elementos definidos en un contorno cerrado, la perspectiva se ha considerado hasta ahora como una medición científica de la apariencia. Esta concepción puramente exterior y panorámica se aleja de la sensación pura, que obedece a leyes opuestas a la noción corriente de perspectiva, de modo que, para la pintura pura, ésta representa un verdadero error.

La sensación pura se opone al hábito secular de separar la inspiración y la ejecución, como ya he indicado al referirme a la separación entre el estudio del *cuerpo* y el estudio de la *fuerza*, entre el estudio de la *cantidad* y el estudio de la *cualidad*. La inspiración, es decir, el acto por el que el artista se sumerge en el objeto viviendo su movimiento característico, nos dice que en la naturaleza no hay líneas perpendiculares absolutas o líneas horizontales absolutas. Lo único perpendicular u horizontal está en un punto situado a la altura del ojo que observa, ya que todo el resto, por encima, por debajo y a los lados, *continúa* a nuestro alrededor en líneas que convergen en el infinito. Se puede decir, pues, que en la sensación el artista está en el centro de corrientes esféricas que lo rodean por completo.

Es preciso recordar que lo que hemos denominado

dinamismo y que, como hemos demostrado, no responde a ninguna manía cinematográfica, subvierte totalmente la construcción del cuadro tal como ha sido concebido hasta ayer mismo, es decir, hasta el cubismo.

Para nosotros el cuadro ya no es una escena exterior, un escenario en el que se desarrolla la acción. Para nosotros el cuadro es una construcción arquitectónica iridiscente, cuyo núcleo central *no es el objeto*, sino el artista. Es un ambiente arquitectónico emotivo que crea la sensación y envuelve al espectador. El cuadro futurista es un *mínimo vastísimo* cuya profundidad sustituye al antiguo concepto de superficie. Representa la destrucción de lo monumental en el sentido de la pirámide, el Partenón y el Coliseo, para expresar en lo mínimo lo inmensamente complejo. Es la *cualidad* que sustituye a la *cantidad*.

De modo que las leyes de *composición*, de *claroscuro*, de *dibujo* y de *color* resultan perturbadas, como he demostrado al referirme al complementarismo. Estos cuatro componentes, que constituyen una unidad indivisible, siempre han obedecido a una ley de descripción según la cual el artista narraba un hecho destacado comentándolo mediante el ambiente. Incluso en el naturalismo extremo, que creó los bodegones, los paisajes o los cuadros de ambiente, una manzana, un árbol o una silla siguieron constituyendo un centro o un *foco central*, como se dice en jerga pictórica. Este centro sustituía (como es evidente) al foco central representado en los cuadros antiguos por las vírgenes, los crucificados y otros objetos.

En una carta a Émile Bernard, Cézanne decía: «[El ojo] se vuelve concéntrico a fuerza de mirar y trabajar;

quiero decir que en una naranja, una manzana, una taza, una cabeza hay un punto culminante, y que este punto siempre es, a pesar del terrible efecto—luz, sombra, sensaciones cromáticas—, el más cercano a nuestro ojo. *Los perfiles del objeto huyen hacia un centro situado en nuestro horizonte.*»

He citado este pasaje de una carta de Cézanne porque me parece la síntesis de todo lo que ha sido la pintura. Según esta concepción, se presupone una escena que miramos y que se desarrolla sobre un plano de perspectiva determinado frente a nosotros. Concibiendo, en cambio, el objeto desde dentro, es decir, viviéndolo, expresaremos su expansión, su fuerza, su manifestación, que crearán simultáneamente su relación con el ambiente.

Vivimos el objeto en el movimiento de sus fuerzas y no lo describimos en sus apariencias accidentales. Como ya he dicho al referirme al impresionismo, a través del estilo de la impresión estas apariencias accidentales se convierten en una accidentalidad definida en la forma que es su ley de sucesión.

Por tanto, nosotros afirmamos lo opuesto a Cézanne: *Los perfiles del objeto huyen hacia una periferia (ambiente) cuyo centro somos nosotros.*

De lo contrario, se aniquilaría el dinamismo paralizando en la línea realista de construcción, fríamente tradicional, literaria y objetiva, la línea lírica del cuerpo que es su línea-fuerza, su movimiento absoluto.

16

SIMULTANEIDAD

Quiero hacer hincapié aún en las siguientes afirmaciones, sobre las que he escrito algunos artículos en *Lacerba*, de Florencia, y en la revista de vanguardia *Der Sturm*, de Berlín: «El concepto de simultaneidad en la pintura y la escultura apareció por primera vez en la sensibilidad plástica moderna con nuestras investigaciones futuristas.» Nadie antes de nosotros había usado esta palabra para definir la *nueva condición de vida en la que se manifestaría el nuevo drama plástico.*

Proclamamos que la simultaneidad era una *necesidad absoluta* en la obra de arte moderna y la «meta fascinante» de nuestro arte futurista. Proclamamos rotundamente esta verdad en los manifiestos de la pintura y de la escultura futuristas, en los prefacios a los catálogos de nuestras diversas exposiciones, y siempre la hemos demostrado en nuestras obras.

El primer cuadro en que aparecieron afirmaciones de simultaneidad era mío y tenía por título: *Visiones simultáneas*. Estaba expuesto en la Galería Bernheim de París, y en la misma exposición había cuadros de mis amigos pintores futuristas en los que también se investigaba la simultaneidad. Por ejemplo: *Recuerdos de una noche* (Russolo), *Sacudidas de fiacre* (Carrà), *Recuerdos de viaje* (Severini).

Puesto que ahora, por los catálogos que me llegan de las exposiciones en diversas ciudades de Europa, compruebo con satisfacción que el concepto de simultaneidad aparece cada vez más en las obras de los pintores extranjeros, y en particular de los franceses, es bueno que se sepa en todas partes y claramente que la simultaneidad fue la base de la sensibilidad futurista desde el momento mismo de su aparición.

Nos vemos obligados a defender celosamente la originalidad de nuestros descubrimientos porque vivimos y trabajamos en Italia, país (digan lo que digan los mercachifles del arte italiano) considerado hasta ahora en el extranjero como inexistente para la pintura, la escultura, la arquitectura, la música y la literatura.

La simultaneidad es para nosotros la exaltación lírica, la manifestación plástica de un nuevo absoluto: la velocidad; de un nuevo y maravilloso espectáculo: la vida moderna; de una nueva fiebre: la investigación científica.

No puedo olvidar con cuánto escepticismo y cuánta burla acogieron nuestras violentísimas afirmaciones de fe en la modernidad los artistas jóvenes y viejos, el público y la prensa, sobre todo en Italia; nuestra irrebatible afirmación de la necesidad de pisotear lo *artístico* y la manía de la cultura; la necesidad de volvernos brutales, rápidos, certeros; la necesidad de americanizarnos, entrando en el arrollador torbellino de la modernidad a través de sus muchedumbres, sus automóviles, sus telégrafos, sus despojados barrios populares, sus ruidos, sus estridencias, sus violencias, sus crueldades, sus cinismos, su implacable arribismo; en suma, la exacerbación de todos los aspectos antiartísticos de nuestra época. Muchos lo tomaron como una pérdida de tiempo, un interés poco serio por episodios callejeros, un cinematógrafo estético-sentimental... No hagamos caso...

Convendrá presentar, en cambio, otro cuadro sinóptico para demostrar que todas las investigaciones plásticas futuristas se basan en la simultaneidad.

DINAMISMO
(Simultaneidad de movimiento absoluto + movimiento relativo)

LÍNEAS-FUERZA
(Simultaneidad de fuerzas centrífugas + fuerzas centrípetas)

SOLIDIFICACIÓN DEL IMPRESIONISMO
(Simultaneidad de objeto + ambiente + atmósfera)

COMPLEMENTARISMO-DINÁMICO
(Simultaneidad complementaria de color + forma + claroscuro)

COMPENETRACIÓN DE PLANOS
(Simultaneidad de lo interior con lo exterior + recuerdo + sensación)

La simultaneidad es la condición en que aparecen los diversos elementos que constituyen el dinamismo. Es, pues, el efecto de esa gran causa que es el *dinamismo universal.*

Es el exponente lírico de la concepción moderna de la vida, basada en la rapidez y la contemporaneidad de los conocimientos y las comunicaciones.

Si consideramos las diversas manifestaciones del arte futurista, observamos que en todas se afirma violentamente la simultaneidad.

El poeta Marinetti ha creado (*Manifiesto técnico de la literatura futurista*, 11 de mayo de 1912) la simultaneidad en la poesía mediante la *imaginación sin hilos* (o sea, ampliación infinita y trama cada vez más compleja de las analogías) y las *palabras en libertad* (destrucción de la sintaxis). Marinetti también logró poderosos efectos de simultaneidad mediante el *lirismo multilineal*. Aquí citaré el prefacio de su libro *Zang tumb tumb (Adrianópolis)*, pág. 27:

En la aglomeración titulada *Mobilitazione* he obtenido, mediante las siguientes palabras en libertad: *ejércitos de caracteres tipográficos marchando por las colinas de Adrianópolis*, esa simultaneidad lírica que obsesiona tanto a los pintores futuristas como a nosotros, los poetas futuristas. Sin embargo, no me he contentado con ese primer resultado; por eso, en la aglomeración de palabras en libertad titulada *Ponte*, he introducido otra innovación, que llamo *lirismo multilineal*, mediante la cual estoy seguro de que obtendré las más complejas simultaneidades líricas.

El poeta arrojará, sobre varias líneas paralelas, varias cadenas de colores, sonidos, olores, ruidos, pesos, espesores, analogías. Una de estas líneas podrá ser, por ejemplo, pictórica, otra musical, otra olfativa, etcétera.

Supongamos que la cadena de las sensaciones y analogías pictóricas predomine sobre otras cadenas de sensaciones y analogías: en tal caso, se imprimirá en caracteres más grandes que los de las líneas segunda y tercera (una de las cuales contendrá, por ejemplo, la cadena de las sensaciones y analogías musicales, y la otra, la cadena de las sensaciones y analogías olfativas).

Dada una página que contenga muchos haces de sensaciones y analogías, cada uno de los cuales se componga de tres o cuatro líneas, la cadena de las sensaciones y analogías pictóricas (impresa en grandes caracteres) formará la primera línea del primer haz y continuará (siempre con los mismos caracteres) en la primera línea de cada uno de los otros haces.

La cadena de las sensaciones y analogías musicales (segunda línea), menos importante que la cadena de las sensaciones y analogías pictóricas (primera línea), pero más importante que la de las sensaciones y analogías olfativas (tercera línea), se imprimirá en caracteres menos grandes que los de la primera línea y más grandes que los de la tercera línea.

En el campo de las investigaciones musicales, la simultaneidad fue introducida por mi querido amigo Balilla Pratella con la *compenetración atonal* de ritmos diversos y sucesivos y la correspondiente destrucción de la composición clásica (*Manifiesto técnico de la música futurista,* 29 de marzo de 1911).

Además, Luigi Russolo logró la *simultaneidad de tono* con la enarmonía de los *intonarumori* [ruidófonos] y la evolución dinámica, la subdivisión y difuminación de unos tonos en otros. Es decir: cada fracción de tono es una individualidad en sí y al mismo tiempo está vinculada a la fracción de tono más cercana a través de las posibilidades dinámicas de su difuminación y fusión con ella (*Arte de los rumores, Manifiesto,* 11 de marzo de 1913).

En el campo de la crítica, ese exquisito poeta de vanguardia que es Guillaume Apollinaire ha propugnado la simultaneidad en las artes plásticas (*Manifiesto antitradicional futurista*, 29 de junio de 1913). Los cubistas, más afortunados que nosotros, han encontrado en nuestro valeroso amigo un defensor infatigable y desinteresado. Los futuristas esperamos que también en Italia aparezca un ingenio crítico que nos apoye y explique al público el inevitable advenimiento de la simultaneidad en el arte.

En la pintura y la escultura, la simultaneidad equivale a un concepto de unidad plástica en comparación con la cual todas las concepciones plásticas del pasado resultan meras enumeraciones pueriles.

Ya en la 1.ª Exposición de Pintura de París (febrero de 1912) declarábamos, en el famoso prefacio al catálogo: «La simultaneidad de los estados de ánimo (entiéndase *plásticos*) en la obra de arte: tal es la meta fascinante de nuestro arte... Simultaneidad de ambiente y por tanto dislocación y desmembramiento de los objetos, dispersión y fusión de los detalles liberados de la lógica ordinaria e independientes entre sí.» Esta afirmación, junto con lo referente al *recuerdo* y la *sensación*, se tomó, en medio de la violenta reacción objetiva que entonces imperaba en la pintura francesa, como un grave pecado de literatura.

He explicado en qué consiste para nosotros la simultaneidad; a los estados de ánimo plásticos me referiré en el capítulo siguiente. Antes resumiré brevemente las ideas expuestas en el capítulo 7 sobre lo que nos separa del cubismo y explicaré qué entendemos por *recuerdo* y *sensación*, porque con esta afirmación la pintura moderna, que nos llega de Francia, pasa, sobre todo por mérito de los pintores y escultores futuristas italianos, del estudio particular objetivo a la síntesis universal y, por tanto, subjetiva. Este «elevarse de la *melodía* a la *sinfonía*», como lo llamó con perspicacia G. Apollinaire en su artículo «Les futuristes» (*Petit Bleu de Paris*, 9 de febrero de 1912),[7] confiere a nuestras investigaciones plásticas un carácter profundamente italiano y naturalmente sintético.

No puede negarse que el transportar a la superficie plana del cuadro las partes del objeto que están ocultas por su posición accidental en la perspectiva, utilizando lo que sugiere en nosotros el conocimiento táctil junto con lo que nos muestra la visión accidental del objeto, para presentar de ese modo una construcción integral del objeto, constituye un resultado extraordinario de Picasso y del cubismo. Pero, por las razones que ya he expuesto, en las realizaciones de Picasso, de Braque y de los cubistas, esta concepción se ha quedado en pura enumeración de las partes que tratan en vano de determinarse como elementos de una unidad dramática, mero análisis que no logra encontrar la *razón de ser* de una síntesis.

Con este genial descubrimiento, basado en el sentido común, el objeto se manifiesta a través de una *experien-*

---

[7] Después de afirmar que «Boccioni est avant tout sous l'influence de Picasso» y que «les peintres futuristes ont eu jusqu'ici plus d'idées philosophiques et littéraires que d'idées plastiques», Apollinaire habla, sí, de elevación de la «mélodie» a la «symphonie», pero destaca que eso es lo que «les futuristes viennent nous apprendre—par leurs titres et non par leurs oeuvres...» (art. cit., retomado en G. Apollinaire, *Chroniques d'art*, 1902-1918, L.-C. Breunig comp., París, Gallimard, 1993, pàgs. 273 a 279). *(N. del T.)*

cia analítica que, si bien lo enriquece en sentido objetivo, destruye por completo su individualidad emotiva, por tanto sus relaciones con el ambiente, por tanto su dinamismo.

Hay que reconocer que, una vez leído el jeroglífico de un cuadro cubista, una vez superada la sorpresa por el *aspecto plástico insólito* del cuadro, la emoción resultante es mínima. Insisto en el concepto de *emoción* porque es preciso reaccionar finalmente contra la obsesión por la realidad objetiva que nos llega desde el norte y que ha creado el *estudio* impasible en el cubismo de Picasso y las frías construcciones académicas en los otros cubistas franceses.

En Picasso, en Braque, etcétera, el estudio objetivo se caracteriza por el estorbo del análisis que vela la emoción y confiere al cuadro un penoso carácter fragmentario. En los cubistas la tentativa del cuadro fracasa porque se basa en una involución respecto de un descubrimiento de Cézanne y no en la lógica definición de una evolución. Aquí es donde interviene precisamente, en la construcción del cuadro moderno, el descubrimiento futurista del *recuerdo* y la *sensación*.

Se trata de añadir al concepto de *espacio*, al que se limita el cubismo, el concepto de *tiempo*. Se trata de crear una construcción plástica en la que los dos conceptos de espacio y de tiempo se equilibren recíprocamente a través de la solución de la emoción. Se trata no sólo de construir objetos enriquecidos y renovados por la contribución del conocimiento táctil y la visión accidental, sino de crear también un ambiente plástico en el que los objetos puedan desarrollar toda su potencialidad plástica emotiva. Se trata, en suma, de añadir a la renovación plástica objetiva de los franceses una renovación plástica subjetiva, de crear, pues, una nueva valoración emotiva que surja de la potencialidad plástica característica del objeto. Y como los valores plásticos emotivos de los objetos varían en función de la multiplicidad de los objetos, es decir, infinitamente, es preciso reaccionar contra este impresionismo, por así decir, ético, que hasta hoy nos ha hecho acumular y analizar en un mismo cuadro elementos plásticos inconexos, inútiles, ineficaces. Es preciso crear una disciplina que coordine los distintos elementos del cuadro y les asigne su función específica en el mismo.

Como ya he tenido ocasión de expresar, esta disciplina no es fija, sino intuitiva, y obedece a la misteriosa necesidad del cuadro, a su *composición*. Se comprenderá fácilmente que, una vez aceptada la concepción del cuadro como jerarquía de valores plásticos, un horizonte del todo nuevo se despliega ante nosotros. Se trata de la revolución impresionista canalizada hacia el *orden dinámico* futurista. Nos acercamos al estado de ánimo plástico.

Por tanto, los conceptos de velocidad, de compenetración, de simultaneidad, a través de los cuales los futuristas interpretamos las cosas, nos conducen a unir en un mismo cuadro los valores plásticos que nos impresionaron ayer, hace un año, con los que hoy nos impulsan a buscar el pincel o la espátula para ponernos a trabajar.

Queremos crear un nuevo drama en el cuadro que nos permita reunir, por ejemplo, alrededor del objeto que tenemos ante nuestros ojos elementos o partes (analógicamente necesarias) de los objetos que están a nuestro alrededor, a nuestras espaldas, lejos de nosotros, que pasaron, nos conmovieron y nunca volverán.

Por este motivo, como he dicho al referirme a los impresionistas, no andamos a la caza de efectos, de gestos, de episodios y, sobre todo, no *esperamos recuperarlos como verdad* para extraerla en pequeñas dosis, siempre en perjuicio de la unidad emocional del cuadro. «Mientras que los impresionistas hacen un cuadro para presentar un *momento* particular y subordinan la vida del cuadro a su semejanza con ese *momento*, nosotros sintetizamos todos los momentos (de tiempo, lugar, forma, color-tono) y con ellos construimos el cuadro. Este cuadro, como organismo independiente, tiene su propia ley, y los elementos que lo componen obedecen a esta ley, creando de ese modo la semejanza del cuadro consigo mismo» (capítulo 6).

Por tanto, así como queremos que la emoción sea la ley suprema de los componentes arquitectónicos del cuadro (objetos), también queremos que la interpretación del objeto sea un justo equilibrio entre *sensación* (aparición) y *construcción* (conocimiento) (capítulo 6). Por tanto, también al cubismo se le aplica lo que hemos dicho del impresionismo: si bien aceptamos algunos postulados cubistas como punto de partida, su desarrollo en nuestro temperamento italiano nos conduce a conclusiones totalmente opuestas.

En lugar de verificar si el cuadro corresponde a la realidad aparente (impresionismo), en lugar de reducirlo a una gélida y abstracta construcción de esquemas objetivos (cubismo), debemos desarrollar la pureza de la sensación y armonizarla con la concepción moderna de la vida. Esto es lo que siempre he proclamado y tenazmente defendido como rasgo característico de nuestro arte fundamentalmente italiano, ésta es la meta de los esfuerzos que despliegan mis amigos pintores futuristas.

Repito lo que ya he dicho en el capítulo II sobre las líneas-fuerza: «No se trata, como todos creen, de hacer *sólo* una pintura abstracta, intelectual; se trata además de actualizar y, a través de un refinamiento de la sensibilidad, de volver plástico, concreto, lo que hasta ahora se consideraba incorpóreo, imposible de plasmar, invisible.»

¿Cómo lograr la realización de todo lo que he expuesto? A esto sólo puede responderse con cuadros, y las exposiciones que hacemos continuamente demuestran que nuestras teorías empiezan a revolver las aguas estancadas de la sensibilidad italiana.

Recibo cartas angustiosas de jóvenes en cuyo cerebro ha entrado la duda y ha nacido la esperanza de un futuro glorioso para el arte italiano. Los pintores jóvenes más inteligentes ya pasan a la aplicación. Recibo fotografías de Bolonia, de Turín, de Venecia, del Trentino, de Alemania, de Londres, de Japón. Por todas partes cunde una furia demoledora y constructora. También el público está cansado de episodios, de verismo, de ensayos, de anarquía. Es preciso canalizar todos los pequeños manantiales ocultos que aún buscan su salida para quebrar la costra pasadista y surgir a la luz del sol formando la gran corriente futurista.

En ésta cada uno aumentará su individualidad porque, si bien la sensibilidad moderna se orienta hacia una única concepción, las manifestaciones de los temperamentos han de ser absolutamente individuales. Y prueba de ello es el hecho de que muchos de los críticos más inteligentes que reconocen la indiscutible verdad de nuestras teorías se muestran luego desconfiados ante la realización de nuestras obras. Hay que tener paciencia. Esto ocurre porque, si bien todos aceptan una *única verdad*, cada uno modela idealmente una realización interna particular acorde con su propio temperamento. Esta realización ideal individual entra en conflicto, además, con la realización del artista, ya que en períodos de profunda revolución (como el nuestro) ésta soporta el doble peso de la teoría *nunca oída* y de la realización *nunca vista.*

Para resolver este conflicto sólo hay dos vías: esperar y trabajar. Pues eso es lo que hacemos.

17
TRANSCENDENTALISMO FÍSICO Y ESTADOS DE ÁNIMO PLÁSTICOS

Al hablar del *transcendentalismo físico* y de los *estados de ánimo* toco tal vez el punto más controvertido de la pintura futurista.

Y es natural que así sea. ¿Acaso hay algún lerdo o analfabeto que disienta con respecto a la importancia histórica del impresionismo, el neoimpresionismo y el postimpresionismo? ¿Quién puede poner aún en duda la influencia de Cézanne en la renovación de las formas en la pintura moderna y la vuelta al volumen, y la influencia de sus peligrosas referencias clasicistas a los antiguos maestros italianos, que los cubistas se apresuraron a adoptar, a exagerar hasta volver a la cristalización y la inmovilidad preimpresionistas? ¿Quién puede aún burlarse o hablar de efecto propagandístico a propósito de la fórmula del dinamismo y todas las manifestaciones que de ella se derivan, como: simultaneidad, complementarismo plástico, líneas-fuerza, compenetración de planos, etcétera, tal como nosotros las propugnamos? ¿Acaso no nos llegan cartas de jubilosa adhesión de jóvenes pintores de toda Europa, de América, de Japón? Todos los jóvenes artistas modernos ya han recibido una descarga eléctrica. Esos jóvenes adoptan, aplican y desarrollan la fórmula del dinamismo. ¿Quién puede dudar aún de la pintura pura? Tal vez sólo los italianos se sonrían... pero,

¿existen pintores italianos entre el quinientos y nosotros, los pintores futuristas? Sólo nuestros pobres pintores o escultores provincianos aún pueden ignorar el desprecio con que se ha hablado hasta hoy en el extranjero de la pintura y la escultura italiana modernas. Por tanto, si bien la ignorancia y la desidia mental de nuestro país nos entristecen, no nos desalientan, porque estamos seguros de vencer. No nos anima un mero y juvenil instinto de rebeldía... Somos los primeros y los únicos defensores de una verdad plástica hacia la que deberá orientarse ineluctablemente toda la sensibilidad plástica futura.

Trabajamos por la gloria de Italia a pesar del menosprecio que sufrimos y el olvido al que se pretende relegarnos. Cada día que pasa en la vida intelectual italiana se vuelve más sensible la influencia de nuestra fe y nuestra obra. Pronto no quedará ningún pintor italiano mediocremente inteligente que no se vea obligado a someterse y a seguirnos.

En el presente capítulo trataré de explicar que es preciso tener una ambición aún mayor que la que hemos tenido, más violenta y más elevada.

Es necesario comprender que estamos definitivamente a la cabeza del arte mundial y que somos los futuristas quienes debemos dirigir la sensibilidad europea en las artes plásticas.

Ya hemos visto cómo con el *orphisme* los cubistas, en Francia, han aprovechado nuestro dinamismo, la simultaneidad y, lo que es más importante (ahora que hablo de los estados de ánimo), el *sujeto*. Esto significa que también los franceses, que, gracias a su maravillosa tradición reciente (del impresionismo al cubismo), eran los que más resistencia podían oponer a una renovación italiana, han percibido que el concepto de una pintura pura que sólo se ocupase de las relaciones entre los planos y los volúmenes no podría mantenerse sin repetirse y enzarzarse en sí mismo, han percibido que esta pintura generaría una infinita sucesión de gélidas obras analíticas como innumerables son los efectos pictóricos o plásticos en que se manifiesta un objeto, sin llegar jamás a una síntesis universal de la sensibilidad moderna.

Digo esto con respecto a Francia, que hasta ahora ha estado a la cabeza de la pintura europea.

Veamos ahora brevemente si otros pueblos que, por razones históricas, étnicas o sociales, deberían encontrarse en una situación más favorable que Italia, están dotados plásticamente de mejores títulos que nosotros para poder suceder a Francia en la dirección de la sensibilidad plástica mundial.

Los alemanes son, junto con los rusos, los más entusiastas protectores del arte de vanguardia, como lo atestiguan nuestras continuas y exitosas ventas y el ingreso de nuestros nombres italianos en las más serias colecciones de Alemania. Los editores alemanes son los más esclarecidos e infatigables divulgadores de esta nueva sensibilidad, pero los artistas alemanes no son capaces de trasplantar a su raza las innovaciones francesas ni de prolongarlas y desarrollarlas como para crear un *nuevo organismo plástico alemán*. Aunque en el futuro logren ahondar más en la plasmación de un carácter propio, es difícil, imposible que surja una sensibilidad plástica alemana de carácter universal.

Los alemanes imitan en exceso a los franceses. Los

imitan en los colores que no son alemanes, en la teoría que no es alemana y que en ellos se debilita porque, en pintura, la materia pictórica alemana siempre busca, para sostenerse, un contenido ajeno a la plástica: filosófico, sentimental, demostrativo. Son imitadores particularmente serviles en la aplicación de las fórmulas y la falta de audacia; adolecen de una pobreza plástica incurable.

Las libertades que recibimos de la revolución plástica francesa se transforman en Alemania en un infatigable frenesí de exagerar *de manera expresionista* el valor esquemático de la forma. En la sensibilidad plástica moderna son los representantes del *expresionismo cerebral.*

Los escandinavos se han quedado un poco a la zaga en las conquistas encaminadas a liberarnos de las viejas formas. También ellos se interesan por la anécdota, y un pernicioso carácter local los limita al tratamiento de episodios y a unas formas expresivas estrechamente étnicas y nacionales. Falta en ellos la intimidad de la conciencia plástica. Ejecutan sus obras con una especie de diletantismo ecléctico, una suerte de curiosidad psicológica. Pareciera que para ellos la pintura y la escultura son un ejercicio que otros pueblos practican naturalmente y que también ellos *querrían* practicar... Es la cultura. Tal vez el abismo que separa su teatro y literatura de su pintura y escultura sea imposible de colmar.

También en sus mejores temperamentos hay una especie de *expresionismo psicológico* que revela una tendencia racial que, sin embargo, no llega a identificarse con una concepción plástica análoga y profunda.

Los eslavos poseen, sin duda, una vivacidad y una agilidad que los hace interesantes. Son sobre todo de una extrema volubilidad. En sus manifestaciones artísticas revelan las características de su raza: cierta vehemencia en la ejecución, actitudes contradictorias, una tendencia a fantasear y una superficialidad cosmopolita. Se distinguen por una furiosa mezcolanza de impresionismo, neoimpresionismo, postimpresionismo, fauvismo rabioso y orientalismo bizantino.

Su pintura y su escultura tienen cierto carácter que intenta canalizar hacia la profundidad de su raza la sensibilidad que nos viene de Francia... Pero, ¿lo consiguen? ¿Son capaces de superar lo monstruoso y concretar lo fantástico? Por lo demás, ¿cuál es la sensibilidad plástica de los rusos, los bohemios, los checos, etcétera?... Demasiado desalentador es el análisis interno que han desplegado en su literatura como para que quepa esperar mucho de su profundidad plástica... Mi simpático amigo Archipenko ha realizado un vigoroso esfuerzo demoledor en la escultura. Pero su obra—interesantísima—se libera del cubismo para caer en las esculturas de los negros o los orientales y, si se aparta de ellas, va a parar a la rigidez bizantina, a las *silhouettes* arcaicas, esqueléticas, tiesas y tambaleantes, típicas de todos los primitivismos de todos los tiempos. Un ruso puro como él tal vez debería, como representante de la que gusta en llamarse «una raza joven», estar libre de todo contacto con el pasado. En cambio, se observa en él una imposibilidad absoluta de superar la cultura, que, si bien se basa en los primitivos, al no *superarlos* como inspiración, sigue estando fuera de la sensibilidad moderna.

En la pintura rusa las tentativas de Kandinsky revelan una tendencia musical interesante. Pero también en su caso el sentido plástico es insuficiente. La música plástica se elabora en Kandinsky bajo la influencia obsesiva del poema sinfónico, de las sinfonías, de las sonatas, etcétera, que es como decir en el museo de los sonidos... El resultado es un cuadro que consiste en una superficie coloreada de ondas cromáticas violentísimas, agradables, pero que no llegan a ser una materia plástica. Los colores siguen siendo colores, las formas tienen una sola dimensión, el arabesco suele proceder de los japoneses y el cuadro sigue siendo tela..., tapiz... o decoración. También en Kandinsky la preocupación por el *contenido* supera la preocupación por un refinamiento de la sensibilidad que logre crear una nueva intuición plástica de la vida. Las artes plásticas, en sus infinitas posibilidades, giran alrededor de esto. En un libro de Kandinsky[8] leemos lo siguiente: «La voz del alma dice al artista cuál es la forma que necesita...», y también: «Toda forma, todo color, tiene un valor místico...», y habla de «contrapunto pictórico...».

Todas estas preocupaciones de orden espiritual y musical resultan perniciosas cuando, como en Kandinsky, se basan en transposiciones de cultura musical, literaria y filosófica, cuando, como hace él, se considera la forma como un sonido interno o se habla de analogía *de la composición pictórica rítmica, compleja, con los viejos coros... Mozart... Beethoven*, o con *la sublime arquitectura de una catedral gótica.*

---

[8] Kandinsky: *Über das Geistige in der Kunst*, Múnich, Piper, 1912 (hay traducción castellana: *De lo espiritual en el arte*, Barcelona, Barral-Labor, 1981).

No quiero entrar aquí en el análisis de una obra escrita por un pintor que es un talento desbordante. Diré solamente que los futuristas no debemos dejar de interesarnos en estas distintas tendencias de la sensibilidad europea moderna. Estos diversos expresionismos nórdicos, estas tendencias musicales, que siempre han formado parte de la amplia sensibilidad del futurismo sin desplazar en ningún momento el problema plástico, nos indican la incapacidad del naturalismo puro francés para abarcar todo lo que se agita en la nueva conciencia plástica europea.

Hay en nuestra extrema modernidad algo que ya no se satisface con el efecto por el efecto, el objeto por el objeto, el tono o el plano, etcétera, presentados con la única finalidad superflua de volver a presentar el tono y el plano. Los italianos, que estamos destinados a continuar el proceso, no debemos olvidar que en todas las tendencias europeas del último siglo ha habido intentos de expresar, *mediante* una nueva forma o un nuevo color, algo inexpresado que se agita en el fondo de nuestra modernísima sensibilidad, que representa el espíritu de nuestra época y que no podemos soslayar, algo totalmente nuevo que es la negación y la continuación de lo que ha constituido el objeto del arte en todos los tiempos.

Estas tentativas entrañan la aspiración a dar un nuevo contenido transcendente y lírico a los impasibles análisis veristas y naturalistas. En suma, hemos de convencernos de que, tanto en la pintura como en la escultura, medir, contar, pesar todavía no significan que se haya ascendido hasta el canto y la danza.

El período de la negación en todos los campos del

pensamiento moderno se acerca a su fin y nos encaminamos hacia una nueva danza y un nuevo canto, es decir, hacia nuevas afirmaciones, nuevos absolutos. No por eso regresamos, en la pintura y la escultura, a las imágenes con significado anecdótico filosófico o moral, o literario, o religioso. ¡Todo lo contrario! Sin embargo, comprobamos, oponiéndonos a la corriente que se ha ido formando y a la que (conviene no olvidarlo) nosotros hemos contribuido, que incluso el más pequeño ensayo de pintura pura contiene en sí el *germen*, la aspiración a la construcción basada en el sujeto, es decir, en la *certeza* y lo *preestablecido*, y que, digan lo que digan los revolucionarios trasnochados, esta construcción es la finalidad del arte.

Afirmamos por último con coraje, escuchando nuestra sensibilidad desde lo más hondo, que nos encaminamos hacia un nuevo gran arte convencional, que por la amplitud de su fórmula será el más vasto, el más grandioso, el más luminoso que jamás haya existido.

Esta construcción que los futuristas siempre hemos propugnado, este «pasar de la melodía a la sinfonía» es la mejor demostración de que el espíritu constructivo italiano vuelve a dominar en el arte de nuestra época.

La obra de arte impresionista fue un fragmento que en vano aspiraba a un centro. La obra de arte cubista trata de crear un centro (composición), pero es una composición exterior, antiimpresionista, contaminada de arcaísmo y por eso enferma de senilidad precoz, más cercana a las viejas fórmulas de Ingres, de Poussin, de Rafael, que a la sensibilidad de nuestra época.

En cambio, hay que olvidar lo que hasta ahora se ha

pedido al mecanismo exterior del cuadro y de la estatua. Hay que entender la obra de arte pictórica o escultórica como construcción de una nueva realidad interna que los elementos de la realidad externa contribuyen a construir con arreglo a una ley de analogía plástica casi totalmente desconocida hasta nosotros.

Y con esta analogía—que es la esencia misma de la poesía—llegamos a los *estados de ánimo plásticos*.

Es verdad que sólo a través del concepto de pintura pueden destruirse todos los hábitos literarios y filosóficos vulgares, pero tampoco hay que olvidar que no podemos contentarnos con puros acordes de tonos, o de volúmenes, o de líneas.

Si a estos acordes de tonos, de volúmenes, de líneas les otorgamos la posibilidad de una evolución lírica, descubrimos que son el principio de los estados de ánimo en potencia. Por eso estamos persuadidos de que de las influencias recíprocas del ambiente y el objeto, de las sugerencias de la potencialidad plástica de los objetos, de su fuerza, que he llamado *psicología primordial*, surge la organización coordinadora del estado de ánimo plástico, y ello sin que la fuerza plástica de la pintura y la escultura pueda verse menoscabada. Los que lo niegan son víctimas de un prejuicio nórdico verista muy difundido en la actualidad.

Recordemos que toda la pintura moderna sigue las leyes góticas de los pueblos nórdicos. Estas leyes marcan el triunfo de la lucha secular de los artistas del norte contra el *italianismo*. Pero aunque tengamos que estarles agradecidos por habernos «delivré des Grecs et des Romains», los futuristas italianos debemos anunciar al mundo que el espíritu definitivo italiano resurge con los italianos del siglo XX, que todas las investigaciones y los documentos del naturalismo nórdico nos servirán a los italianos como elaboraciones, como datos positivos de una nueva sensibilidad sobre cuya base han de construirse los estados de ánimo plásticos y, por ende, la *síntesis*.

Hasta qué punto esta aspiración a lo definitivo invade nuevamente Europa es algo que confirman los propios errores de los cubistas, influidos por el antiguo concepto clásico italiano, es decir, por el museo, y también lo confirma la tendencia imperialista de todos los países que se impone a la mezquina accidentalidad del racionalismo alemán.

Con Rembrandt comienza en potencia la pintura pura. Sus innumerables autorretratos, sus innumerables repeticiones de una misma cabeza, el efecto idéntico repetido por amor a la investigación son otros tantos experimentos que abren camino al experimentalismo pictórico moderno. Es el principio de la creación de una representación que transciende lo representado. Toda la pintura moderna está bajo esa influencia, contra la cual nosotros, italianos purísimos, somos los primeros en rebelarnos.

¿Por qué seguir creyendo que es *de vanguardia* y audaz dejarse llevar por la estela de Rembrandt? Miguel Ángel es el último coloso del paganismo cristiano, y está archimuerto; ya ni lo recordamos. Su sublimidad nos da pena, su atrocidad nos pone de buen humor; ¡está acabado, ya no nos da miedo! Pero Rembrandt... Rembrandt es el primer coloso del cristianismo racionalista, es de otra raza, es glorioso, triunfa, sigue imperando sobre los latinos con su fuerte, rolliza profundidad pictórica. ¡Derribémoslo! Tal vez a nadie se le haya ocurrido que en la lucha contra el pasado son más peligrosos los que están cerca que los que están lejos. Ahora Cézanne es más peligroso que Fidias.

Los futuristas italianos debemos sintetizar nuestra pasión italiana con el material nórdico-naturalista que nos ha llegado a través del trabajo secular iniciado por Rembrandt y que culmina en los impresionistas. Mostramos al mundo que nuestra intuición ya vislumbra un nuevo orden al que todas las fuerzas de la modernidad aspiran y que creará el gran estilo definitivo a partir de la nueva realidad plástica que nos ha transmitido Francia.

El estado de ánimo es organización, es decir, creación. La organización siempre fue una característica fundamental del genio italiano. ¡La anarquía evoluciona naturalmente hacia el imperialismo y hoy la ley del cuadro debe volver a imperar sobre el confuso mundo de los valores plásticos! No crean los superficiales que esto marca un regreso al pasado. Inauguramos un período definitivo e imperialista como espíritu, sin por ello regresar a Júpiter o a Minerva, ni a la proporción griega o leonardesca. Del mismo modo que el imperialismo en política no puede significar un regreso al clericalismo y a la tiranía.

¿Qué responder a los ineptos que nos han acusado, con respecto al dinamismo, de andar a la caza de accidentes fragmentarios, o a quienes nos han acusado de introducir una concepción democrática en el arte? Por el contrario, como vivimos en el concepto unitario de objeto + ambiente interpretado en su transformación evolutiva, queremos crear una pintura unitaria como antítesis del concepto fragmentario del universo al que corresponde naturalmente un arte fragmentario.

Trabajamos para crear una fórmula sintética *transmisible*, que orientando la intuición haga posible una construcción liberada del pasado lastre de la investigación analítica. Queremos acabar con el laboratorio en el arte para iniciar realmente una era de creación basada en la fórmula evolutiva del dinamismo.

Uno de los caracteres de la sensibilidad futurista, incluso el más importante, es su entusiasmo. La aparición simultánea de la síntesis en el análisis, de la afirmación en la negación, de la fe en la crítica. Hemos dicho que somos los primitivos de una nueva sensibilidad totalmente transformada, porque a veces sentimos la incertidumbre de los primitivos en la búsqueda del medio apropiado para expresar cada objeto y el asombro por el espectáculo que nos rodea.

Observar un objeto, incluso en el espejo del recuerdo interior, y pintarlo, y esculpirlo todavía no significa creación. Ese procedimiento, por más avanzado que esté en la deformación, sigue siendo un impresionismo subjetivo. Por eso los futuristas queremos superarnos. Así que, es preciso liberar el objeto de la relatividad de la semejanza. Ésta es la vía que conduce a la síntesis que suma y combina todos los elementos de una obra de arte para formar el arquetipo.

¿Podemos los italianos crear un arquetipo basándonos, como punto de partida, en las investigaciones naturalistas que nos llegan del norte? Creemos firmemente que sí.

Hay elementos emotivos dispersos que se pueden

reunir en una composición plástica emotiva. Estos elementos sentimentales son connaturales a la forma de los objetos, mejor dicho, son los elementos plásticos mismos de la realidad.

En los movimientos de la materia hay elementos de emotividad que hacen converger las líneas de un drama plástico hacia determinada catástrofe. Por tanto, la composición de un estado de ánimo plástico no se basa en las disposiciones de los gestos de las figuras o en la expresión de los ojos, de los rostros, de las actitudes (despreciamos todo este viejo bagaje literario), sino que consiste en la distribución rítmica de las fuerzas de los objetos, dominadas y guiadas por la propia energía del estado de ánimo para componer la emoción.

Lo que he intuido en los estados de ánimo es esta síntesis, es decir, el esfuerzo de dar vida a unos elementos plásticos renovados en la corriente de una emoción plástica renovada.

Resumo aquí en pocas palabras lo que he tratado de demostrar en los capítulos anteriores. El arte se aleja cada vez más de la representación de la figura humana tomada como modelo de belleza, o sea, como foco principal de la emoción estética. El primer principio del arte fue la arquitectura, que correspondía a la confusa concepción de la atrocidad de lo que estaba fuera y por encima del hombre. En aquellas épocas remotas toda concepción individual se perdía en un carácter anónimo general que lo abarcaba todo.

El período siguiente fue el que culminó con el arte griego, en el que el individuo aparece a la luz del sol y ve el mundo como un reflejo de sí mismo. Es el momento en que la fórmula de la figura humana alcanza una cumbre espiritual que nunca será superada. Este período despide su último rayo glorioso con Miguel Ángel y se extingue.

Comienza el tercer período, el período naturalista, en el que la aspiración panteísta cristiana aspira a la comprensión de todo lo creado. El hombre arría el orgullo pagano y se siente hermano de todo: de la vegetación, de las aguas, de la atmósfera, y surge el paisaje con todas sus derivaciones. Sin embargo, esto, que es un progreso hacia la liberación respecto de lo determinado—gran conquista de nuestra época—, sigue siendo una expresión exterior que ha de superarse. Junto al hombre, también el árbol, la roca, la casa reivindican ahora su parte de personalidad en el todo; sólo que el hombre, el árbol, la roca, la casa aún son elementos fragmentarios para la construcción de una escena accidental todavía no individualizada como tal. Por ejemplo: el motivo impresionista.

Con las últimas investigaciones de Cézanne y sus conclusiones opuestas al impresionismo, con las investigaciones de Derain, de Picasso, de Braque, la pintura entra en una fase más audaz. Los elementos del objeto se consideran en todas sus posibilidades constructivas y en su valor plástico intrínseco. En la tela esos elementos apuntan a construir un conjunto plástico semejante a sí mismo. Es un paso hacia adelante, pero sin salir del campo del análisis y la enumeración, que impiden que el cuadro adquiera el valor de una individualidad absolutamente autónoma. El sujeto todavía no se ha identificado con el objeto.

Esta concepción analítica se apoyaba en una afirmación sintética francesa que abarcaba lo definitivo, pero buscándolo en el pasado. Ya hemos visto cuáles son los errores fundamentales del cubismo y las causas de su rápido agotamiento.

Así llegamos a la afirmación sintética italiana futurista, a una concepción transcendental física que se expresa con el dinamismo y los estados de ánimo.

El dinamismo se propone unir las búsquedas impresionistas y los esfuerzos cubistas en un todo capaz de dar una forma *única integral* y *dinámica* a la idea de vibración (dinamismo impresionista), a la idea de volumen (estática cubista).

El estado de ánimo es la síntesis, mejor dicho, la arquitectura emotiva de las fuerzas plásticas de los objetos interpretadas en su evolución arquitectónica.

El principio mismo de emoción pictórica es un estado de ánimo. Es la organización de elementos plásticos de la realidad interpretados en la emotividad misma de su dinámica, y no la transcripción de imágenes reflejando ideas literarias y filosóficas. Es la valoración lírica de los movimientos de la materia, expresados a través de las formas.

Es preciso, pues, que las sensaciones naturales sugieran al pintor estados de color, estados de forma, de modo que las formas y los colores expresen en sí, sin recurrir a la representación formal de los objetos ni de sus partes. Por eso los colores y las formas han de convertirse en conceptos arquitectónicos.

Es preciso que los objetos definan a través de la emoción el ritmo de los signos, los volúmenes, los planos, las gamas abstractas y concretas que serán para el ojo lo que el sonido, no la música, es para el oído. Es preciso, pues, que las formas y los colores representen y comuniquen una emoción plástica, envolviendo al observador en el ritmo plástico, recurriendo *lo menos posible* a las formas concretas (objetos) que lo han suscitado.

De esta manera la música de Pratella ha destruido, en mi opinión, las notas que en la música corriente pasan frente a nosotros con un desarrollo ondulado, para crear, en cambio, una música en espiral que envuelve nuestro espíritu y da vida a nuestra emoción sumergiéndola en la atmósfera musical. Del mismo modo, las palabras en libertad de Marinetti han destruido «la monótona elevación del período y su gradual caída de ola sobre la playa».

Se conocen las violentas discusiones que estallaron en París cuando presenté una nueva construcción escultórica en espiral, en lugar de la tradicional en pirámide, que en lenguaje de *atelier* suele describirse como «bien plantada».

Quiero citar aquí íntegramente un pasaje de la conferencia que pronuncié en el Círculo Artístico de Roma el 29 de mayo de 1911, época en la que estaba trabajando en tres cuadros (estados de ánimo plásticos) titulados: 1) *Los adioses*, 2) *Los que se van*, 3) *Los que se quedan*. Estos tres cuadros ya se han expuesto en toda Europa y han dado pie a una amplia literatura. Por la época en que fueron concebidos, comportan diversas incertidumbres, pero han caracterizado la vastedad y la infinita potencialidad de la pintura y la escultura futuristas. Todos los que han seguido las indicaciones de estas tres obras se han liberado de la frialdad académica cubista y, si han mantenido el concepto de pintura pura, han podido elevarlo hasta la comprensión lírica del dinamismo universal. He aquí, pues, lo que decía yo en una noche borrascosa en medio de una incredulidad casi total:

Si Watts dijo que pintaba las ideas, lo que de hecho se reducía a dar formas y colores tradicionales a visiones puramente literarias y filosóficas, nosotros respondemos que con el estado de ánimo pintamos la *sensación*, decididos, por consiguiente, a permanecer en el campo exclusivo de la pintura. En efecto, al pintar la SENSACIÓN PURA detenemos la idea plástica antes de que se localice en un sentido y se determine mediante alguna repercusión sensorial (música, poesía, pintura). Nos remontamos hasta la sensación primigenia, universal, que nuestro espíritu ya percibe por la síntesis sutil de todos los sentidos en un *único universal* que, atravesando nuestra milenaria complejidad, nos hace regresar a la simplicidad primordial. O sea, que queremos que el sujeto se identifique con el objeto.

En síntesis, se han invertido los términos: mientras que los antiguos concebían lo abstracto y presentaban lo concreto (arquitectura, ingeniería, cuerpo humano), nosotros, a través del análisis, concebimos lo concreto y presentamos lo abstracto (estado de ánimo plástico).

Entre los antiguos, Miguel Ángel fue quien más accedió al estado de ánimo en potencia. En él la anatomía se convierte en música. En él el cuerpo humano es material *casi puramente* arquitectónico. En los frescos y las estatuas los cuerpos se mueven más allá de su propia lógica, y las líneas melódicas de los músculos se enlazan con arreglo a una ley musical y no a una ley de representación lógica.

Con el estado de ánimo entramos en una concepción nueva e ilimitada, en virtud de la cual la individualidad del artista desaparece, no ya por humildad o terror, sino porque su espíritu se identifica con la realidad para manifestarse en un todo, a través de formas puras y colores puros convertidos en símbolos del dinamismo universal.

¡Cuánto hemos trabajado y discutido, cuánto hemos desbrozado, precisado, ahondado desde aquel lejano día! Pese a todo, siempre sigue brillando la verdad que ha inspirado nuestra acción desde nuestras primeras manifestaciones futuristas. Otros podrán añadir, modificar o quitar, ¡pero sigo estando orgulloso de esas afirmaciones con las que marqué el camino para una evolución de la sensibilidad plástica cuyo fin es imposible de fijar!

Me parece que ha quedado claro que el estado de ánimo plástico no es literatura, como creen los que, desconociendo por completo en qué consisten la pintura y la escultura, se han aferrado tardíamente a la fórmula cubista y, al carecer de capacidad de descubrimiento, se verán obligados a permanecer congelados en ella quién sabe por cuánto tiempo. También me parece que ha quedado claro que el estado de ánimo plástico no puede conducir a perderse en la abstracción.

A través de nuestra sensibilidad transformada, desarrollada y refinada en el nuevo estremecimiento de la vida moderna, queremos aportar a la pintura y la escultura aquellos elementos de la realidad que hasta hoy el miedo a ofender la sensibilidad tradicional y nuestra torpeza nos habían hecho considerar plásticamente inexistentes e invisibles.

Esto implica: la creación de la atmósfera como nuevo cuerpo que existe entre el objeto y el sujeto (solidificación del impresionismo); la creación de una nueva forma surgida de la fuerza dinánica del objeto (líneas de fuerza); la creación de un nuevo objeto + ambiente (compenetración de los planos); la creación de una nueva construcción emotiva más allá de toda unidad de tiempo y de lugar (recuerdo y sensación, simultaneidad).

Por tanto, no daremos una fórmula abstracta que esté fuera de nosotros, sino una fórmula que estará en nosotros y con nosotros, a través de la *sensación*.

Esta fórmula, que sería la integración completa de lo que he llamado TRANSCENDENTALISMO FÍSICO, nace de la intuición de la realidad concebida como movimiento. De manera que, si la potencialidad plástica de los cuerpos suscita emociones que interpretamos a través de sus movimientos, lo que nosotros fijaremos serán estos MOVIMIENTOS PUROS.

Eran estos movimientos puros los que me hacían afirmar, en el prefacio al catálogo de mi primera exposición de escultura (1913), que yo buscaba «en la escultura, no ya la forma pura, sino el *ritmo plástico puro*, no la construcción de los cuerpos, sino la construcción de la *acción de los cuerpos*».

En mi teoría de los *estados de ánimo plásticos*, que como ya he dicho expuse por primera vez en una conferencia pronunciada en el Círculo Internacional Artístico de Roma (1911), afirmé que «los colores y las formas deben expresar en sí, sin recurrir a la representación objetiva, y deben crear en el pintor *estados de forma* y *estados de color*».

Este concepto de estado de forma y de color lo aclaré posteriormente en el prefacio-manifiesto al catálogo de 1.ª Exposición de París (1912), al explicar el procedimiento de composición de mis tres cuadros *Estados aní-*

micos. Ya entonces decía que en cada uno de ellos la dirección de las formas y la líneas se había fijado con un determinado objetivo dramático. Explicaba la diversidad emocional de las «líneas perpendiculares, onduladas y extenuadas» en el cuadro *Los que quedan*; de las líneas «confusas, agitadas, directas y curvas» en el cuadro *Los adioses*; y de las líneas «horizontales, huidizas, rápidas y nerviosas» en el cuadro *Los que se van*.

Al afirmarlo me basaba en la siguiente intuición: *a cada emoción sensorial corresponde una forma-color análoga*. En esta intuición se funda el manifiesto sobre la *Pintura de los sonidos, rumores y olores* del pintor futurista Carlo Carrà (agosto de 1913).

Pero la pintura de los estados de ánimo no requiere sólo la notación del arabesco de formas y de colores que los sonidos, ruidos, olores nos sugieren.

La pintura de los estados de ánimo exige que este arabesco de formas y de colores se determine en el artista en su *fatalidad dramática característica*. Ésta es la pura parte viva, *creadora* de la intuición artística. En síntesis, la realidad no es el objeto, sino la transfiguración que éste sufre al identificarse con el sujeto. Creación y emoción son la misma cosa.

Para exponer un ejemplo elemental: un objeto que se desplaza velozmente (tren, automóvil, bicicleta) aparece en la pura sensación como un ambiente emotivo en forma de *penetración horizontal* en ángulo agudo, totalmente distinto del ámbiente emotivo en forma de *cilindro pleno* perpendicular en que aparece una figura humana de pie. Estos dos ambientes emotivos son totalmente distintos del *peso* ondulado longitudinal (ambiente emotivo creado por una figura humana acostada), de la *elasticidad cilíndrica* apoyada en impulsos angulares o cuadrangulares (ambiente emotivo de la figura de un caballo al trote), de la *ligereza espiral* de los segmentos de cono (ambiente emotivo de un florero).

Una multitud de paseantes crea un ambiente emotivo *inerte* con direcciones perpendiculares, mientras que una multitud que se aleja vive en un ambiente emotivo *agitado* con direcciones irregulares en ángulos agudos, líneas oblicuas y en agresivo zigzag. Así podríamos continuar indefinidamente, pero a partir de cierto punto sólo se puede hablar de plástica con la plástica misma.

Estas direcciones formales, estos choques, simpatías, afinidades, explosiones, espesores, lisuras, pesos, elasticidades, etcétera, se elevan en la composición del estado de ánimo plástico hasta la completa transfiguración del objeto que las ha sugerido. El objeto aparece entonces en su movimiento absoluto, que es la potencialidad plástica que el objeto lleva en sí estrechamente asociada con su propia sustancia orgánica: es lo que he llamado la psicología primordial del objeto (capítulo 9).

Citaré ahora la enumeración de las *voluntades plásticas* de la pintura de los sonidos, ruidos y olores tal como figura en el manifiesto de Carrà. Este manifiesto es un desarrollo genial de mi teoría de los estados de ánimo plásticos y el transcendentalismo físico.

La pintura de los sonidos, de los ruidos y de los olores exige:
 1. Los rojos, rooooojjjjjos, roooooooojjjíssssimos que griiiiiitan.
 2. Los verdes, los nunca bastante verdes, veeeerdííííííss-

sssimos, que chiiiiiillan; los amarillos nunca bastante explosivos; los jaldes-polenta; los amarillos-azafrán; los amarillos-cobre.

3. Todos los colores de la velocidad, de la alegría, de la juerga, del carnaval más fantástico, de los fuegos artificiales, de los *café-chantants* y de los *music-halls*, todos los colores en movimiento captados no en el espacio, sino en el tiempo.

4. El arabesco dinámico como la única realidad creada por el artista en el fondo de su sensibilidad.

5. El choque de todos los ángulos agudos, a los que llamábamos los ángulos de la voluntad.

6. Las líneas oblicuas que caen del cielo como otros tantos dardos sobre el alma del observador, y las líneas de profundidad.

7. La esfera, la elipse que gira velozmente, el cono invertido, la espiral y todas las formas dinámicas que la infinita potencia del genio del artista sabrá descubrir.

8. La perspectiva obtenida no ya como objetivismo de distancia, sino como compenetración subjetiva de formas veladas o duras, blandas o afiladas.

9. Como sujeto universal y única razón de ser del cuadro, la significación de su construcción dinámica (conjunto arquitectónico polifónico). Cuando se habla de arquitectura se piensa en algo estático. Pero no es así. Para nosotros, en cambio, la arquitectura es como la arquitectura dinámica musical que crea el músico futurista Pratella. Arquitectura en movimiento de las nubes, los humos, el viento y las construcciones metálicas cuando se las siente con un estado de ánimo violento y caótico.

10. El cono invertido (forma natural de la explosión), el cilindro oblicuo y el cono oblicuo.

11. El choque apical entre dos conos (forma natural de la tromba marina), conos flexuosos o formados de líneas curvas

(saltos de *clowns*, bailarinas).

12. La línea zigzagueante y la línea ondulada.

13. Las curvas elipsoidades consideradas como redes en movimiento.

14. Las líneas, los volúmenes y las luces como transcendentalismo plástico, es decir, con arreglo a su grado característico de curvatura u oblicuidad, determinado por el estado de ánimo del pintor.

15. Los ecos de líneas y volúmenes en movimiento.

16. El complementarismo plástico (en la forma y en el color) basado en la ley de los contrastes equivalentes y en los extremos del arco iris. Este complementarismo está constituido por un desequilibrio de formas (que la obliga a moverse). Consiguiente destrucción de los *pendants* de volúmenes. Es preciso negar estos *pendants* de volúmenes porque son como dos muletas que sólo permiten un único movimiento de avance o retroceso y no el movimiento total, que llamamos expansión esférica en el espacio.

17. La continuidad y simultaneidad de las transcendencias plásticas del reino mineral, del reino vegetal, del reino animal y del reino mecánico.

18. Los conjuntos plásticos abstractos, es decir, que no corresponden a las visiones, sino a las sensaciones surgidas de los sonidos, los ruidos, los olores y de todas las fuerzas desconocidas que nos rodean.

Creo que no puede haber dudas acerca de nuestras intenciones. Queremos modelar la atmósfera, dibujar las fuerzas de los objetos, sus influencias recíprocas, la forma única de la continuidad en el espacio. ¿Acaso es literatura esta materialización de lo fluido, de lo etéreo, de lo imponderable, esta transposición a lo concreto de lo que podríamos llamar el nuevo infinito biológico iluminado por la fiebre de la intuición? ¿No tenderán todas las investigaciones humanas de nuestra época hacia este imponderable que existe en nosotros, alrededor de nosotros y para nosotros? No olvidemos que la vida reside en la unidad de la energía, que somos centros receptores y transmisores, y que por tanto estamos unidos indisolublemente al todo.

Nuestra sensibilidad ha de ser el exponente de estas inmensas tramas de energías: olvidemos, pues, todos los miserables valores morales y estéticos... ¿Por qué la ciencia puede atreverse a formular hipótesis que transcienden lo experimental y, en cambio, el arte, que es la intuición misma, debe seguir fabricando copias experimentales de la realidad o entretenimientos sentimentales nostálgicos? ¿Por qué amedrentarse ante la posibilidad de abandonar la representación tradicional? La teoría eléctrica de la materia, según la cual la materia sólo sería energía, electricidad condensada, y sólo existiría como *fuerza*, es una hipótesis que robustece enormemente la certeza de mi intuición.

Nosotros somos capaces de afirmar y crear plásticamente las vibraciones, las emanaciones, la densidad, los movimientos, la invisible aureola que envuelve el objeto y su acción, la síntesis analógica que vive en los límites entre el objeto real y su plástica ideal, todo lo que representa la vida del objeto (capítulo 9).

Las hipótesis científicas más recientes, las inconmensurables posibilidades que nos ofrecen la química, la física, la biología y todos los descubrimientos de la ciencia, la vida de lo infinitamente pequeño, la unidad fundamental de la energía que nos da la vida, todo esto nos impulsa a crear analogías en la sensibilidad plástica que correspondan a estas nuevas y maravillosas concepciones naturales.

Alrededor de nosotros vagan energías que son objeto de observación y de estudio; de nuestros cuerpos emanan fluidos de potencia, de atracción o de repulsión (las categorías de simpatía, antipatía, amor no nos interesan); las muertes se prevén a centenares de kilómetros; los presentimientos nos infunden ánimo o nos paralizan de terror. Las ondas hertzianas llevan a millares de kilómetros, a través de los océanos, a través de los desiertos, la pulsación febril de las razas. El microbio es perseguido en las insondables profundidades de la materia, estudiado en sus comportamientos típicos, fotografiado y determinado en su individualidad infinitesimal. Decenas de miles de electrones giran en el átomo, separados entre sí como los planetas del sistema solar y, también como ellos, con órbitas y velocidades inconcebibles para nuestra mente, y el átomo ya es visible para nuestros ojos, para nuestros instrumentos ópticos... Se seccionan los continentes, se explora la profundidad de los océanos, se desciende a las incandescentes gargantas de los volcanes... Y los artistas, ¿qué hacemos? ¡Seguimos subdividiendo la naturaleza en paisaje, figura, etcétera, etcétera, midiendo la perspectiva de una calle, y temblamos de terror si debemos violentar una luz, trastocar una forma, construir cualquier obra que se aparte de las leyes estéticas tradicionales!

Reconozcamos que, si esto infinito, esto imponderable, esto invisible se vuelve cada vez más objeto de investigación y observación, es porque cierto sentido maravilloso va despertándose en los *modernos*, en las profundidades ignotas de su conciencia.

Nuestra audacia futurista ya ha forzado las puertas de un mundo desconocido. Estamos creando algo análogo a lo que el fisiólogo Richet llama *heteroplástica* o *ideoplástica*. Para nosotros el misterio biológico de la materialización que vehicula el médium es una *certeza*, una *evidencia* en la intuición del transcendentalismo físico y de los estados de ánimo plásticos.

En el estado de ánimo plástico la sensación es el ropaje material del espíritu.

Con esto, finalmente, el artista que crea no mira, no observa, no mide, no pesa; *siente*, y las sensaciones que lo envuelven le dictan las formas y los colores capaces de suscitar las emociones que lo han impulsado a actuar plásticamente.

¿Vamos más allá de la pintura?... No lo sé. Lamentablemente, la mente humana se mueve entre dos líneas de horizontes igualmente infinitas: lo *absoluto* y lo *relativo*, y entre ambas nuestra obra traza la línea discontinua y dolorosa de la *posibilidad*. Que no teman, pues, nuestros jóvenes amigos: nunca existirá suficiente audacia para alejarse de la férrea ley artística que cada uno aplica.

Tal vez llegará un tiempo en que el cuadro ya no baste. ¡Su inmovilidad, sus recursos infantiles serán un anacronismo en el vertiginoso movimiento de la vida humana! Surgirán otros valores, otras valoraciones, otras sensibilidades cuya audacia nos resulta inconcebible...

El ojo humano percibirá el color como emoción en sí. Los colores se multiplicarán y ya no necesitarán de las formas para ser comprendidos, y las formas vivirán por sí solas fuera de los objetos que las expresan. Las obras pictóricas serán tal vez vertiginosas arquitecturas sonoras y olfativas de enormes gases luminosos que, en el marco de un horizonte despejado, electrizarán el alma compleja de unos seres nuevos que hoy no podemos concebir.

¿Tal vez vamos más allá de los conceptos tradicionales de pintura y escultura que imperan desde que existe la historia? ¿Llegamos a la destrucción del arte tal como se ha entendido hasta el presente? ¡Es posible! ¡Lo ignoro! ¡No importa saberlo! ¡Lo esencial es seguir avanzando!

El estado de ánimo plástico debería ser el compendio definitivo de todas las investigaciones plásticas y expresivas de todas las épocas. Debería ser la fusión perfecta entre la potencia plástica impasible (que emana del arabesco formal anónimo de la pintura pura) y la expresión del problema lírico de la conciencia totalmente renovada e *interpretada como exponente absoluto de la* MODERNOLATRÍA.

Desde el punto de vista estético, el estado de ánimo es la salida de la escéptica negación analítica, es la aspiración embriagadora a una futura *distinción* y jerarquía entre la desalentadora igualdad de los valores plásticos y emotivos que obstruyen nuestra mente demasiado racionalista. Es la creación de un nuevo ORDEN, de una nueva CLARIDAD opuestos a la concepción clásica que tenía de ellos Puvis de Chavannes, y surgidos del odio futurista por las leyes antiguas y las formas recientes de la esclavitud democrático-verista.

Es la náusea por las pequeñas e infinitas accidentalidades plásticas que nos conmueven y reclaman su derecho a cada instante; es la consiguiente voluntad de coordinarlas y subordinarlas a un único concepto superior dinámico y evolutivo.

¡Repito que desear que exista un sujeto coordinador en pintura no es hacer anecdotismo ni descripción sentimental! Pintar cualquier cosa y enumerar indefinidamente sin regirse por una medida superior: éste es un concepto viejo y superado, éste es el signo de una mente sin norma que trascienda lo inmediato, sin aspiración a elevarse, éste es, en síntesis, el signo de un impresionismo ético y, por tanto, plástico, enervante.

Los futuristas tenemos un fervor lírico que nos conmina a embriagarnos con los nuevos conceptos de fuerza que la ciencia nos ha revelado. Somos dogmáticos y disciplinados. ¡Amamos con furor y odiamos! La acusación lanzada contra nuestra pintura o nuestra escultura, a la que tachan de música, de literatura, de filosofía, nos hace sonreír...

Repitamos, por último, la pregunta que con la voz quebrada de terror nos hacen todos los artistas pusilánimes: «¿Seremos nosotros quienes encontraremos definitivamente las fórmulas dinámicas de la continuidad en el espacio y del estado de ánimo plástico, o sólo estamos destinados a abrir un camino?» ¿Acaso importa saberlo?... ¿Seremos precisamente nosotros quienes elevemos la renovación de la estética moderna hasta la creación de nuevos absolutos, de nuevos modelos de belleza basados en leyes hasta ahora ignoradas y que queremos buscar en las nuevas monstruosidades del mundo moderno creado por la ciencia?

¿Para qué preguntarnos si el fuego que llevamos en

nosotros no acabará por abrasarnos? ¡Qué importa con tal de que el incendio pueda propagarse a todo el mundo!... Trabajamos cantando.

Nuestra fe en el futuro nos hace despreciar nuestro porvenir inmediato. ¿Acaso hemos logrado saber a qué aspira la velocidad de 300 kilómetros por hora? ¿Sabemos qué impulsa al hombre a matarse para ascender a 5.000, 10.000, 20.000... al infinito? La única necesidad, la única voluntad es ASCENDER.